ドキュメント・ユニバーサルデザイン

もっと伝えたい

コミュニケーションの種をまく

藤田康文

fujita yasufumi

ドキュメント

UD

大日本図書

わかりやすい文章で、知的障《ちてきしょう》害《がい》のある編集《へんしゅう》委員と新聞記者たちがいっしょにつくっている新聞『ステージ』。〈第一章〉

弁護士《べんごし》の杉浦《すぎうら》ひとみさんにインタビューする編集《へんしゅう》委員。政治《せいじ》について、するどい発言が次々飛び出しました。〈第一章〉

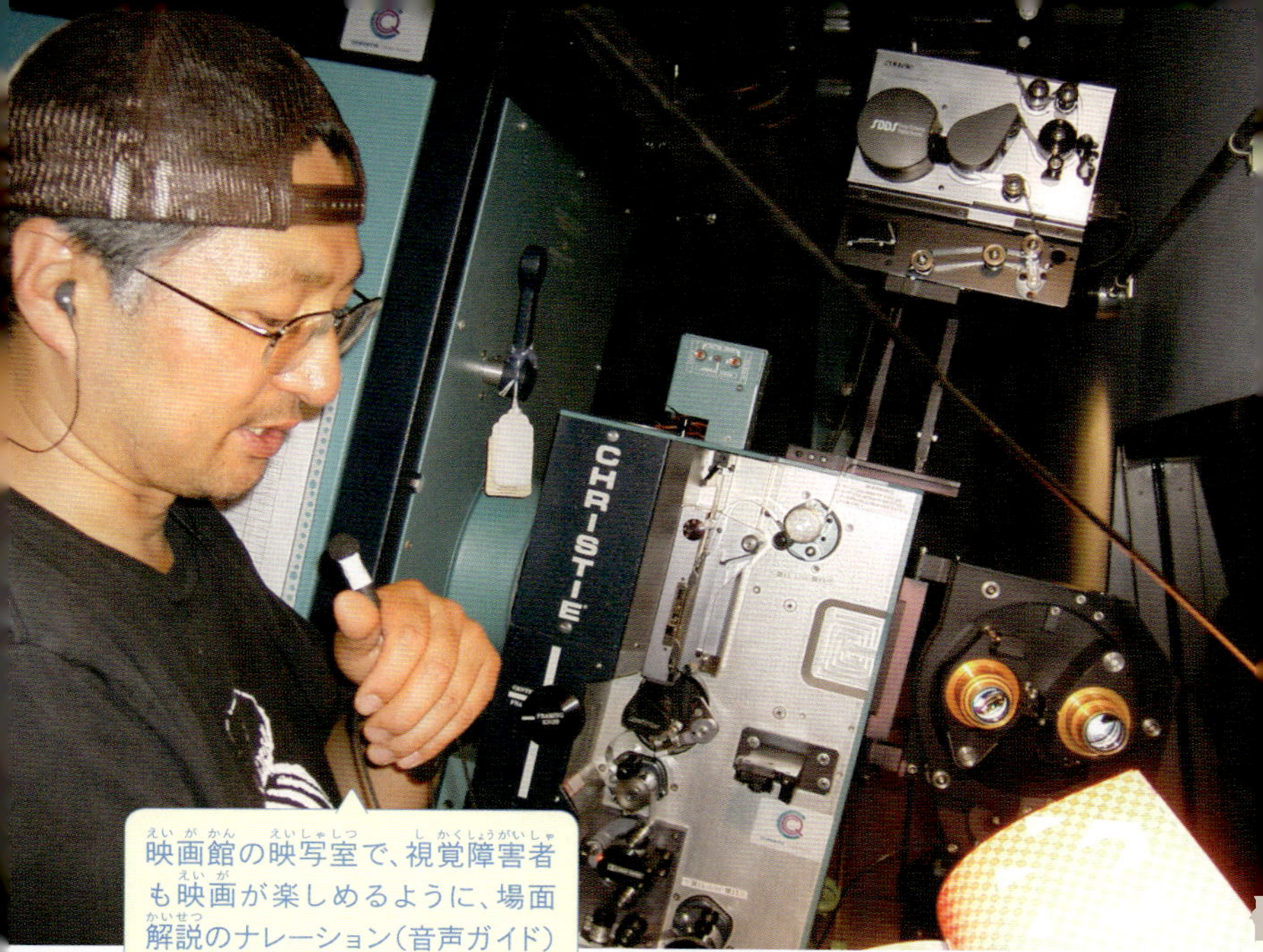

映画館《えいがかん》の映写室《えいしゃしつ》で、視覚障害者《しかくしょうがいしゃ》も映画《えいが》が楽しめるように、場面解説《かいせつ》のナレーション（音声ガイド）をする檀鼓太郎《だんこたろう》さん。〈第二章〉

音声ガイドを聞くためのラジオとイヤホンを用意して、上映《じょうえい》を楽しみに待ちます。〈第二章〉

鑑賞会《かんしょうかい》では、盲導犬《もうどうけん》ももちろんいっしょ。〈第二章〉

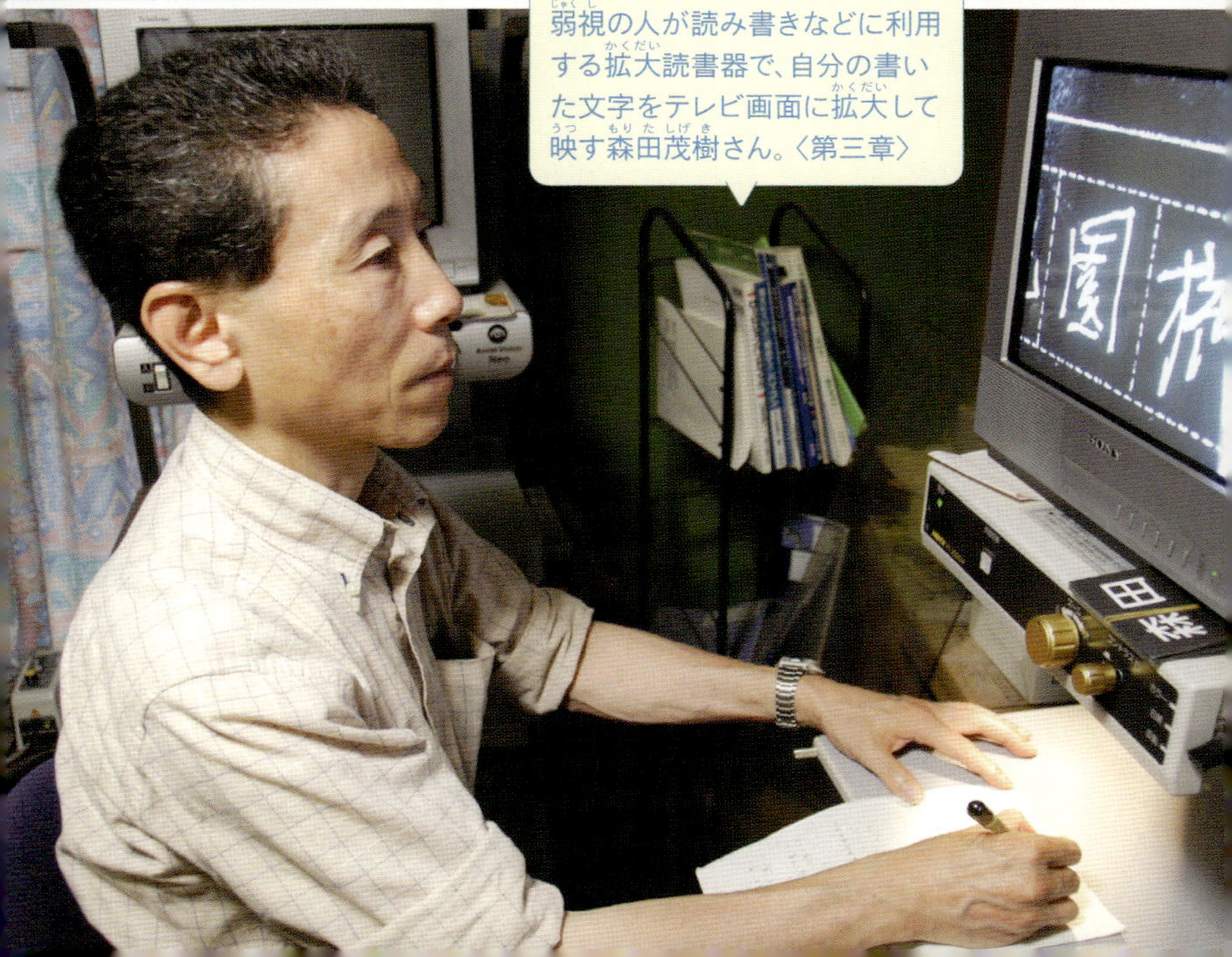

弱視《じゃくし》の人が読み書きなどに利用する拡大《かくだい》読書器で、自分の書いた文字をテレビ画面に拡大《かくだい》して映《うつ》す森田《もりた》茂樹《しげき》さん。〈第三章〉

読み書きを苦手とする特性《とくせい》であるディスレクシアについて、自分の子ども時代の体験をまじえて語る神山忠《こうやまただし》先生。〈第四章〉

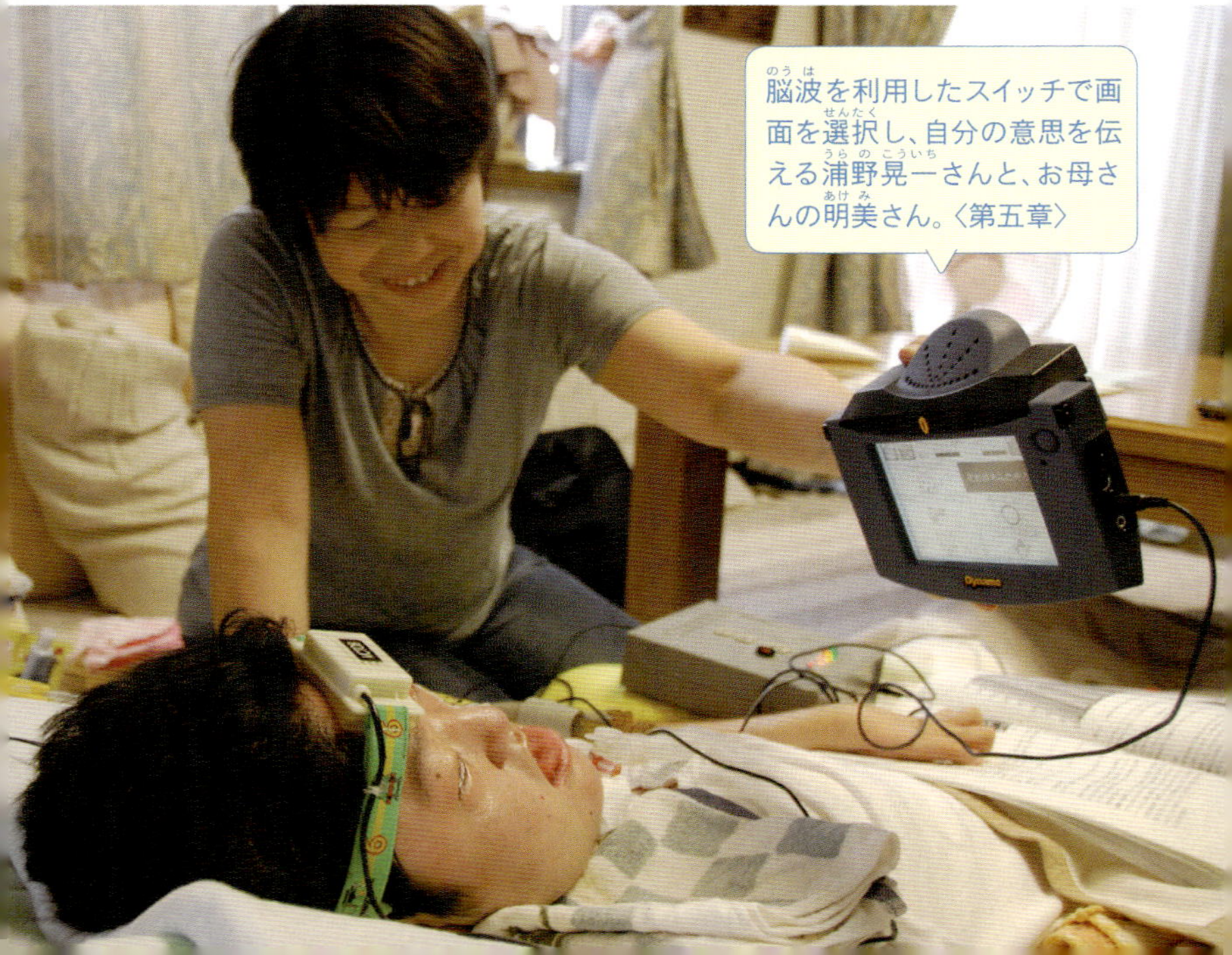

脳波《のうは》を利用したスイッチで画面を選択《せんたく》し、自分の意思を伝える浦野晃一《うらのこういち》さんと、お母さんの明美《あけみ》さん。〈第五章〉

はじめに

コミュニケーションが揺《ゆ》らぐ今こそ

わたしは通信社の記者として、新聞に載《の》せるニュースを速報《そくほう》し、その背景《はいけい》にあるものを解説《かいせつ》しています。駆《か》け出《だ》し記者のころ、もっとも重要な要素《ようそ》を頭にもってくる「逆《ぎゃく》三角形」の記事を書け、とたたきこまれました。それから十五年近くたった今も、かぎられた時間で短い行数の中に必要な内容《ないよう》を盛《も》りこみ、わかりやすくまとめるのは「職人技《しょくにんわざ》」の難《むずか》しい作業だと思っています。「うまく書けた」と思った記事が、読者に理解《りかい》されないことはよくあるのです。

みなさんも「わかってくれているはずだ」と思いこんでいたことが、ほかの人に伝わっていなかったという経験《けいけん》はありませんか。また、軽い気持ちで発した言葉が人を傷《きず》つけたり、家族や親しい人に大切なことを話そうとして急に黙《だま》りこんでしまっ

たりと、なかなか思い通りにはならないのがコミュニケーションです。逆《ぎゃく》に、言葉が通じない人たちが芸術《げいじゅつ》作品を前に感動を分かち合うことで、おたがいに心を通わせるようなことも起きます。文字、言葉にかかわらず、その本質《ほんしつ》は繊細《せんさい》で奥深《おくぶか》いものです。

さて、今、コミュニケーションをめぐる環境《かんきょう》は、大きく変わりつつあります。

まず情報《じょうほう》技術《ぎじゅつ》（IT《アイティー》）の発達があげられます。ひと昔《むかし》前なら考えられないようなことが実現《じつげん》し、インターネット上で外国の図書館にどんな本があるのかを調べることができますし、遠く離《はな》れた他人と出会うこともあります。目の不自由な人と耳の不自由な人同士が電子メールで会話ができるようになったのはすばらしいことです。

その反面、はんらんする情報《じょうほう》を前に、ほんとうに大切なこと

を見失いやすくなったり、情報《じょうほう》をもつ人ともたない人の格差《かくさ》が現《あらわ》れたりしています。

また、経済《けいざい》活動が地球規模《きぼ》で行われるようになると同時に、地域《ちいき》社会は損《そこ》なわれ、濃密《のうみつ》な人間関係が失われてしまいました。おじいさん、おばあさんとともに暮《く》らす大きな家族も減《へ》りました。こうした結果、孤独《こどく》を感じる人が増《ふ》えています。

そして経済《けいざい》中心、効率重視《こうりつじゅうし》の今の社会では、組織《そしき》も個人《こじん》も競争《きょうそう》に追い立てられています。こうしたことがいきすぎれば、少し立ち止まって、想像力《そうぞうりょく》を働かせながらほかの人を思いやること、つまりコミュニケーションの土台となっている、人と人との信頼関係《しんらいかんけい》が崩《くず》れてしまわないか心配です。

とはいっても、コミュニケーションはまるで空気のようなものです。生きるうえでどれほど大切なものなのかを、考える機会のない人が多いのではないでしょうか。

また、さまざまな特性《とくせい》をもつ人たちが、それぞれ自分らしく生きることのできる社会をつくるためにも、コミュニケーションについて考えることは重要です。

わたしがこのことを強く意識《いしき》するようになったのは、六年前、ある偶然《ぐうぜん》から全盲《ぜんもう》の千葉《ちば》県職員《しょくいん》と出会ったのがきっかけでした。盲導犬《もうどうけん》を連れてにこやかな表情《ひょうじょう》で現《あらわ》れた彼《かれ》と、同世代の心やすさもあって、長い時間にわたって語り合いました。それまで目の不自由な人たちが文字の情報《じょうほう》をどのように得たり、ほかの人とやりとりしているのかについて、くわしいことを知りませんでした。文字を点字にすばやく変換《へんかん》する機器や、パソコン上で打った文字を音声で読み上げてくれるソフトなど、最新の技術《ぎじゅつ》を駆使《くし》しながら仕事をこなし、人間関係を広げる彼《かれ》の姿《すがた》に驚《おどろ》いたことをおぼえています。しかし、彼《かれ》のように、こうした技術《ぎじゅつ》を自分のものにしている人ばかりではないことも、あとになってわかりました。

そこで、コミュニケーションを見つめ直すために、この本を五つの物語で紡《つむ》ごうと思います。知的障害《ちてきしょうがい》のある人もふくめた、みんながわかる新聞づくりの挑戦《ちょうせん》。映画《えいが》の感動を、目の不自由な人たちもふくめたみんなで分かち合おうと活動するグループ。みずから文字が読みづらいという障害《しょうがい》をかかえたうえで、さまざまな特性《とくせい》をもつ子どもたちの支《ささ》えになっている先生。自分と同じ弱視《じゃくし》の人たちに、読み書きの手段《しゅだん》を伝えようと全国を飛び回っている人。体を動かすことも言葉を発することもできない子と、その母の「対話」。

テーマはそれぞれですが、登場する人たちは、みなさまざまな事情《じじょう》から、コミュニケーションの意味や難《むずか》しさを自問しながら生きています。ぎりぎりの状況《じょうきょう》の下《もと》で夢《ゆめ》を抱《いだ》き続《つづ》け、その実《じっ》現《げん》に向けて、「伝えること、伝え合うこと」をけっしてあきら

めていない点でも共通しています。

コミュニケーションが揺《ゆ》らぎつつある時代にあって、この五つの物語は、きっとわたしたちの「道しるべ」となってくれるはずです。

もっと伝えたい
コミュニケーションの種をまく

もくじ

ドキュメントUD

1

わかるように伝えて

わかりやすい新聞
『ステージ』をつくる人たち

秋も深まったある晩《ばん》。窓《まど》からは、街路樹《がいろじゅ》と街灯《がいとう》のにぶい光の下、家路を急ぐ大学生の姿《すがた》が見えます。東京《とうきょう》・西早稲田《にしわせだ》にあるビルの会議室には、にぎやかな声が響《ひび》いています。

「今日は十二月号になにを載《の》せたらよいかを話し合いましょう」と司会の小池美希《こいけみき》さんが会議を始めました。小池さんをはじめ、数人の編集《へんしゅう》委員たちが、まず新聞の〝顔〟である第一面をどうするか考えています。

「大相撲《おおずもう》では、若《わか》い力士《りきし》がけいこ後に急死するなど、不祥事《ふしょうじ》が続いているよね」

「自民党《じみんとう》が選挙《せんきょ》で負けて、参議院《さんぎいん》では民主党《みんしゅとう》の議員のほうが多い『ねじれ国会』になっている。このことを取り上げたら?」

「国会では障害者自立支援法《しょうがいしゃじりつしえんほう》の見直しが話し合われているけど、政治家《せいじか》にインタビューしてみようよ」

話し合いの結果、第一面では、障害者自立支援法《しょうがいしゃじりつしえんほう》の見直し問題について取り上げることになりました。さっそく、厚生労働大臣《こうせいろうどうだいじん》へのインタビューを申しこむことも決めました。

次々と決まる内容《ないよう》 駅伝、大相撲《おおずもう》、そしてデート！

これは、年に四回発行している新聞『ステージ』の内容《ないよう》を決める編集《へんしゅう》会議のようすです。『ステージ』は、一般《いっぱん》の新聞の大きさの半分程度《ていど》のタブロイド判《ばん》、八ページで、厚手《あつで》の紙に印刷《いんさつ》されています。編集《へんしゅう》会議は、新聞を発行する二か月前に開かれます。

小池《こいけ》さんは事務《じむ》の仕事をしながら、家族と東京都内《とうきょうとない》で暮《く》らしています。ほかの編集《へんしゅう》委員の多くも仕事をもっているため、会議は夜に行われることが多くなっています。

小池さんのてきぱきとした仕切りで、次々と内容《ないよう》を決めていきます。第二、三面のニュース欄《らん》は、福田康夫内閣《ふくだやすおないかく》の誕生《たんじょう》や、ミャンマーで反政府《はんせいふ》デモを取材していた日本人ジャーナリストが銃殺《じゅうさつ》された事件《じけん》などが候補《こうほ》になりました。ニュース欄《らん》の記事は、毎日《まいにち》新聞の現役《げんえき》記者が、ボランティアで書くことになっています。毎日《まいにち》新聞は、創刊以来《そうかんいらい》十一年間、ニュース写真を無料で提供《ていきょう》してくれていました。

スポーツ欄《らん》では、長距離走《ちょうきょりそう》が得意な編集《へんしゅう》委員が、冬の風物詩《ふうぶつし》である駅伝の特集《とくしゅう》記事をまとめることになりました。また、大相撲《おおずもう》の話題もここに載《の》せることになりました。編集《へんしゅう》委員たちがちゃんこ鍋《なべ》の店に集まって、鍋《なべ》をつつき合いながら、なにかと世間《せけん》を騒《さわ》がせた大相撲《おおずもう》について、今年一年をふり返《かえ》る座談会《ざだんかい》をして、記事にすることになりました。

おおいに盛《も》り上《あ》がったのは、編集《へんしゅう》委員が実際《じっさい》にいろんなことにチャレンジする、第八面の「やってみよう」欄《らん》でした。「富士山《ふじさん》の測候所《そっこうじょ》を見に行く」「屋形船《やかたぶね》に乗ってみる」「地吹雪《じふぶき》や樹氷《じゅひょう》を見に行く」など、それぞれの編集《へんしゅう》委員のやってみたいことを中心に、いろいろなアイディアが出されました。結局、クリスマスが近いこともあって「デートに行ってみる」という案が支持を集めました。相手がだれなのかを知らされないまま待ち合わせし、デートするテレビ番組も話題になり、流行のデートスポットを体験することになりました。小池さんももちろん、取材に行きます。デートのお相手として、『ステージ』にかかわっている毎日新聞のお気に入りの若手《わかて》記者を指名しました。会議室は、ク

紙面の内容《ないよう》を決めていく
編集《へんしゅう》会議のようす。

弁護士《べんごし》の杉浦《すぎうら》ひとみ
さん(右端《みぎはし》)へのイン
タビューのあと、記念
に。(35ページ参照《さんしょう》)

リスマスを心待ちにするようなわくわくする雰囲気《ふんいき》に包まれました。

「次の会議では、原稿《げんこう》の『読み合わせ』をします。難《むずか》しいところを、どうしたらわかりやすくできるかを考え、原稿《げんこう》を赤ペンで直しましょう」と小池さんがしめくくって、二時間以上にわたった会議は終わりました。編集《へんしゅう》委員たちにとって、みんなで近くの居酒屋《いざかや》やお好み焼き屋へくり出し、ビールジョッキを片手《かたて》に、わいわいやるのが会議のあとの楽しみになっています。

『ステージ』って、どんな新聞？

ここまで読んで、みなさんは、『ステージ』とはどんな新聞だと思ったでしょうか。

『ステージ』は、知的障害《ちてきしょうがい》のある人たちの親でつくる「全日本手をつなぐ育成会」が一九九六年に創刊《そうかん》しました。知的障害《ちてきしょうがい》のある人たちが積極的《せっきょくてき》に社会に出ていき、自分らしく生き生きと暮《く》らすために役立つ情報《じょうほう》を手に入れてもらおうという思いからでした。

スウェーデンには、知的障害《ちてきしょうがい》のある人のために、写真やグラフを使って読みやすくした情報誌《じょうほうし》がすでにあり、その例を参考にしました。『ステージ』は、全国各地にある「育成会」を通じて、五千五百部が配られています。

知識《ちしき》や情報《じょうほう》は、人間が誇《ほこ》りをもって、そして生き生きと暮《く》らすために、水や空気と同じように欠かすことのできないものです。どのような特性《とくせい》をもつ人であっても、生きていくうえで大切な情報《じょうほう》が手に入るような社会にしなければなりません。そして、社会に向けて、自分たちの考えていることを発信できる機会が、いつも保障《ほしょう》されていなければなりません。『ステージ』の取り組みは、こうした社会づくりに向けた挑戦《ちょうせん》でもあります。

『ステージ』では、日本や海外のニュース、芸能《げいのう》、スポーツ、福祉《ふくし》にかかわるニュースなどを、わかりやすくコンパクトにまとめています。しかし、『ステージ』のいちばんの特徴《とくちょう》は、数人の知的障害《ちてきしょうがい》のある人たちが編集《へんしゅう》委員となっていることです。彼《かれ》らが、障害《しょうがい》のある人の暮《く》らしを支援《しえん》している人や、現役《げんえき》の新聞記者といっしょに話し合いながら企画《きかく》を立てて取材し、原稿《げんこう》も書いているのです。編集《へんしゅう》委員はさまざまな体験レポートや、有名人へのインタビューでも活躍《かつやく》しています。全国の仲間からのメッセージや、知的障害《ちてきしょうがい》のある人たちでつくる全国各地のグループの活動紹介《しょうかい》の欄《らん》もあります。編集《へんしゅう》会議で司会を務《つと》めた小池さんは、ベテランの編集《へんしゅう》委員です。厚生労働省《こうせいろうどうしょう》の役人への取材でするどい質問《しつもん》をぶつけたり、障害《しょうがい》のある人の支援《しえん》に人生をささげた石井筆子《いしいふでこ》を描《えが》いた映画《えいが》「筆子《ふでこ》・その愛《あい》」に主演《しゅえん》した、女優《じょゆう》の常盤貴子《ときわたかこ》さんにインタビューしたりしました。小池さんにとって忘《わす》れられない取材は、ハンセン病の施設《しせつ》に長い間隔離《かくり》され、つらい仕事をたくさんさせられていた、詩人の谺雄二《こだまゆうじ》さんを訪《たず》ねて話を聞いたときのことです。

「わからない」のではない「わかるように」伝えて！

みなさんの中には「知的障害《ちてきしょうがい》のある人たちは、世の中のニュースや政治《せいじ》のことを理《り》解《かい》できるのかな」と思う人もいるかもしれません。多くの人は、難《むずか》しい言葉を噛《か》み砕《くだ》き、ていねいに伝えさえしてくれれば、理解《りかい》できます。むしろものごとをまっすぐ見据《みす》えて、その本質《ほんしつ》を見抜《みぬ》くことが得意《とくい》な人たちが多いのです。彼《かれ》らは政治《せいじ》や経済《けいざい》、社会で起きているさまざまな事件《じけん》などのニュースを知りたいと思っています。生きていくために必要な行政《ぎょうせい》の情報《じょうほう》はもちろんですが、文化や芸能《げいのう》ニュース、恋愛《れんあい》や性《せい》にも関心があります。しかし、こうした情報《じょうほう》を手にするチャンスは、あまりにもかぎられているのです。

『ステージ』は多くの人に読んでもらえるよう、さまざまなくふうを凝《こ》らしています。題字の上には「みんながわかる新聞《しんぶん》」と書いてありますが、これが最大の目標です。

具体的には「難《むずか》しい言い回しや、専門家《せんもんか》にしかわからないような言葉はなるべく使わない」「漢字にはふりがなを付ける」「写真やイラストをふんだんに使う」ということです。また、そのニュースが起きた背景《はいけい》や、ニュースを理解《りかい》するための基礎知識《きそちしき》も、知的《ちてき》障害《しょうがい》のある人の立場に立った視点《してん》から、きちんと説明します。そして八ページのうち四ページはカラーになっていて、視覚《しかく》に訴《うった》える紙面づくりも心がけています。

原稿《げんこう》が集まってくると、もう一度みんなで集まって「読み合わせ」とよばれる会議を開くのも特徴《とくちょう》です。さきほど小池《こいけ》さんが説明したように、編集《へんしゅう》委員が交代《こうたい》で原稿《げんこう》を声に出して読みながら、みんなでわかりやすいかどうかをチェックします。

編集《へんしゅう》委員の中にも、「漢字が多かったり、読みにくい漢字があったりするとわかりづらい。写真をもっと増《ふ》やしてくれれば、内容《ないよう》が目でわかる」という人もいれば「上がってきた原稿《げんこう》の意味はほぼわかる」という人もいます。しかし、一般《いっぱん》の新聞記事にありがちな「物議《ぶつぎ》を醸《かも》す」「歴史《れきし》を誇《ほこ》る」「〜を軸《じく》に展開《てんかい》する」などのもってまわった言い回しや、「たそがれ時《どき》」のような情緒的《じょうちょてき》な表現《ひょうげん》には、注文がつくことが多いのです。

新聞記者の記事に赤ペンを入れる

文字で書かれた情報《じょうほう》をわかりやすく伝えるために大きな役割《やくわり》を果たしているのは、現《げん》役《えき》の新聞記者です。毎日新聞の野沢和弘《のざわかずひろ》さんは、創刊《そうかん》のときからずっと、『ステージ』の編集《へんしゅう》会議の中心人物です。会議では小池《こいけ》さんたち編集《へんしゅう》委員の頼《たよ》れる相談相手となり、

『ステージ』とニュース欄《らん》に記事を書いてもらう新聞記者との橋渡《はしわた》し役《やく》も務《つと》めています。新聞社に入社しておよそ二十五年。いじめや福祉《ふくし》問題など、社会部での取材経験《けいけん》が長いベテラン記者です。重い知的障害《ちてきしょうがい》のある長男の親として、以前から「育成会」とつながりがあったことがきっかけでした。会議中に、小池さんたちとは軽口をたたき合うこともあって、お兄《にい》さんのようにしたわれています。

「知的障害《ちてきしょうがい》のある人たちに、政治《せいじ》や経済《けいざい》など一般《いっぱん》のニュースをわかりやすく伝えてほしい。だけど彼《かれ》らを子ども扱《あつか》いしないで」。それが、最初に「全日本手をつなぐ育成会」の編集担当《へんしゅうたんとう》の人たちから野沢さんに突《つ》きつけられた課題《かだい》でした。わかりやすい記事を書くことにかけてはプロの野沢さんですが、はじめのころはどうやって伝えたらよいか、ずいぶん頭を悩《なや》ませました。

『ステージ』にどのニュースを取り上げるか決まると、野沢さんは同僚《どうりょう》記者に執筆《しっぴつ》を依頼《いらい》します。ところが大ベテランの記者である論説《ろんせつ》委員が書いた原稿《げんこう》であっても、「わかりにくい」と、編集《へんしゅう》委員からは容赦《ようしゃ》なく赤ペンによるチェックが入ります。冷《ひ》や汗《あせ》をかきながら、書き直しを求めて社内を歩くこともありました。

新聞記者は自分の書いた原稿《げんこう》にはプライドをもっていますから、書き直しを求められると、たいていは「むっ」とします。しかし冷静《れいせい》になって考えてみると、知的障害《ちてきしょうがい》のある編集《へんしゅう》委員が「わからない」と赤ペンを入れた部分は、時間の制約《せいやく》があるなかで、記者本人がよく理解《りかい》していないために「ごまかしながら」書いている場合が多いのです。痛《いた》いところを突《つ》かれるからこそ、よけいに「かちん」とくるというわけです。文章は、自分自身が理解《りかい》していることについては、自信をもってわかりやすく書けるものです。理解《りかい》していないことにかぎって、難《むずか》しい表現《ひょうげん》を使って取《と》りつくろおうとするのです。野沢さんは、だんだんそんなことに気づいていきました。

これまでに記事を書いたり、写真を撮影《さつえい》してくれたりした同僚《どうりょう》記者は、百人を軽く超《こ》えます。みんな、忙《いそが》しい合間を縫《ぬ》ってのボランティアです。それでも不平も言わずに引き受けてくれるのは、『ステージ』のために原稿《げんこう》を書くことによって、学ぶことが多いからです。新聞記者にとって、わかりやすく伝えることは、永遠《えいえん》の課題《かだい》なのです。『ステージ』はそのヒントを教えてくれます。

どうすればわかりやすくなるか？『ステージ』流

みなさんの中には、「たしかに、新聞記事ってわかりにくいよな」と思っている人も多いのではないでしょうか。その原因《げんいん》には、かぎられた紙面で簡潔《かんけつ》に伝えなくてはならないために、「一つの文章が長い」「難《むずか》しい熟語《じゅくご》や専門《せんもん》用語が多い」「話の筋道《すじみち》の立て方が複雑《ふくざつ》」といったことがあるようです。また、ほぼ毎日休みなく発行しているために、続報《ぞくほう》のニュースが多いのも特徴《とくちょう》です。第一報《だいいっぽう》を知らない読者にとっては、背景《はいけい》の説明が省《はぶ》かれてしまっているので、ついていけないこともあります。

野沢《のざわ》さんたちがくふうしながらスタイルを確立《かくりつ》していった『ステージ』の記事を、一《いっ》般《ぱん》の新聞記事と見比《みくら》べてみましょう。例として、宮崎《みやざき》県知事に、タレントのそのまんま東《ひがし》さんが当選したというニュースを取り上げます。まず、一般《いっぱん》の新聞に載《の》った記事を読んでみてください。

宮崎県の官製談合事件で前知事の安藤忠恕《ただひろ》被告（65）が辞職したことに伴う出直し知事選は21日投開票され、無所属新人で元タレントのそのまんま東氏（49）＝本名・東国原《ひがしこくばる》英夫＝が初当選した。高い知名度のある東氏は無党派層や若年層などから幅広い支持を集め、前林野庁長官の川村秀三郎氏（57）ら新人4人に圧勝した。県民は行政・政治経験のない東氏に県政刷新を託し、事件で指摘された官民癒着や「しがらみ」からの決別を強く求めた。

（毎日新聞　二〇〇七年一月二十二日付）

一つの文章が長いうえ、「官製談合《かんせいだんごう》」「無党派層《むとうはそう》」「官民癒着《かんみんゆちゃく》」「県政刷新《けんせいさっしん》」といった難《むずか》しい言葉が続くために、読みづらさを感じるかもしれません。同じニュースでも、『ステージ』が伝えると、こうなります。

ビートたけしの弟子《でし》で、タレントのそのまんま東《ひがし》さん(49)が宮崎県知事《みやざきけんちじ》になりました。自民党《じみんとう》や民主党《みんしゅとう》などが支持《しじ》したほかの候補《こうほ》に大《おお》きく差《さ》をつけての勝利《しょうり》でした。知事《ちじ》になってからは本名《ほんみょう》の東国原知事《ひがしこくばるちじ》で活動《かつどう》しています。

前《まえ》の知事《ちじ》が建設会社《けんせつがいしゃ》と一緒《いっしょ》になって県《けん》のお金《かね》を不正《ふせい》につかっていたため逮捕《たいほ》されました。東国原知事《ひがしこくばるちじ》は「宮崎《みやざき》を変《か》えよう」と訴《うった》えました。そこが県民《けんみん》に期待《きたい》されたのでしょう。

(『ステージ』二〇〇七年三月号)

長すぎる文章を分け、難《むずか》しい言葉はなるべく噛《か》み砕《くだ》きました。東《ひがし》さんはどういう人なのか、保守的《ほしゅてき》といわれる宮崎県《みやざきけん》で、政党《せいとう》の応援《おうえん》を受けずに、なぜ勝つことができたのかについても説明しました。ちょっとしたくふうをすることで、断然《だんぜん》わかりやすくなりましたね。

知的障害《ちてきしょうがい》のある人のために始まった『ステージ』ですが、日本に住む韓国人《かんこくじん》に「わかりやすい」とほめられたり、小学校の先生が教材として使ったりすることもあります。

さきほど紹介《しょうかい》したように『ステージ』のキャッチフレーズは「みんながわかる新聞」です。知的障害《ちてきしょうがい》のある人だけではなくて、子どもやお年寄《としよ》り、日本に住む外国人など、さまざまな人たちが『ステージ』を通して手をつないでいけるのではないか。野沢さんはそんな可能性《かのうせい》も感じています。

共通の体験を積み重ねながら

野沢《のざわ》さんは『ステージ』の紙面づくりについて、新聞社でのふだんの仕事とはちがった面白さを感じています。それは、お年寄《としよ》りから主婦《しゅふ》、サラリーマンなど、さまざまな立場の読者を相手にしている一般《いっぱん》の新聞とちがって、『ステージ』は、読者像《どくしゃぞう》がはっきりしているからです。「政治《せいじ》や経済《けいざい》、科学など一般《いっぱん》のニュースを知りたいけれど、これまでわかりやすく文字で書かれた情報《じょうほう》を入手する方法がなかった」「障害《しょうがい》のある人のための入所施設《しせつ》ではなくて、地域《ちいき》で暮《く》らしたい」「いろんなことを知って、自分で生活を切り開いていきたい」。こうした希望《きぼう》をもっている読者がいることが、はっきりわかっているからです。このため、同じできごとを伝えるにも、一人の記者としてなにをどう伝えればいいのかを、突《つ》きつめて考えることができます。伝えたいと思ったことが伝わったときの、やりがいや喜びも格別《かくべつ》です。

野沢さんの長男は、重い知的障害《ちてきしょうがい》のために言葉を話すことができません。しかし父子のあいだで意思のやりとりはできます。「こちらがイライラしていると息子《むすこ》もわかる。ちょっとした目の動きや雰囲気《ふんいき》を通じて、ふつうに日常生活《にちじょうせいかつ》を営《いとな》むことができる。ほとんど言葉なんていらない」と言います。

なぜ言葉がなくても通じ合えるのかについて、野沢さんは考えてみたことがあります。長男とは生まれたときから長い時間、同じ体験《たいけん》を積み重ねてきました。そのことが、コミュニケーションの土台になっているのです。野沢さんは「伝える側と伝えられる側が経験《けいけん》や文化を共有していることが、『わかりやすさ』につながるのではないか」と感じています。こうしたことは、知的障害《ちてきしょうがい》のある編集《へんしゅう》委員たちとの出会いから教わったことでもあります。

野沢さんは編集《へんしゅう》委員とのつきあいを通じて、いろいろな個性《こせい》や特性《とくせい》をもつ人がいることを知りました。編集《へんしゅう》会議で司会を務《つと》めた小池《こいけ》さんとは今でこそ、なんでも言い合える関係です。しかし出会ったころは、緊張《きんちょう》してなかなか話してくれませんでした。会議中に小池さんが「みんなの話すスピードが速すぎて、わからない」と怒《おこ》り出《だ》し、緊《きん》張《ちょう》した雰囲気《ふんいき》に包まれたこともあります。野沢さんはさまざまなできごとを通して、小池さんたちから学び、共通の体験《たいけん》を積み重ねながら、信頼関係《しんらいかんけい》を築《きず》き上《あ》げていったのです。

漢字を読むのは苦手だけれど、ほかの人とは視線《しせん》だけでかんたんに意思のやりとりができる人もいれば、難《むずか》しい漢字などは得意だけれど、コミュニケーションには時間がかかる人もいます。

「編集《へんしゅう》委員たちと話をしているうちに、いつの間にか『障害《しょうがい》のある人』という意識《いしき》はどんどん薄《うす》まっていって、ふと『ああ、そういえばこの人は障害《しょうがい》のある人だったな』と思い出すこともあります」

そして野沢さんはコミュニケーションについて、次のように考えるようになりました。「コミュニケーションの鍵《かぎ》を握《にぎ》っているのは、どうも言葉などのいわゆる『コミュニケーション能力』よりも、信頼関係《しんらいかんけい》や、共有できる情報《じょうほう》や体験《たいけん》ではないだろうか。また、伝わるとか伝わらないとかの背景《はいけい》には、声の調子や表情《ひょうじょう》などのいろいろな要素《ようそ》が渦巻《うずま》いていて、言葉は、コミュニケーション全体からみれば、ほんの上澄《うわず》みでしかないのではないか。それに、コミュニケーションは双方向《そうほうこう》のものであって、相手に自分のことを理《り》解《かい》してもらうためには、まずその相手のことを理解《りかい》しなければいけない」

はじめての取材　するどい質問《しつもん》が飛び出す

ある日曜日の午後。東京《とうきょう》都心のオフィス街《がい》は閑散《かんさん》としています。諸石貴幸《もろいしたかゆき》さんは、ほかの編集《へんしゅう》委員二人とともに、弁護士《べんごし》の杉浦《すぎうら》ひとみさんの事務所《じむしょ》を訪《おとず》れました。「政治《せいじ》に関心を持ってみよう」をテーマにインタビューするためです。諸石さんにとっては、はじめての取材体験です。

長距離走《ちょうきょりそう》が得意な諸石さんは、パン工場で働いています。実家を離《はな》れ、工場の近くで一人暮《ひとりぐ》らしをしています。仕事は夜中までかかることもあります。最近は、行きつけのバーでダーツにはまっている、おしゃれな青年です。

インタビューする杉浦さんは、二〇〇七年夏の参議院議員選挙《さんぎいんぎいんせんきょ》の東京選挙区《とうきょうせんきょく》に立候補《りっこうほ》し、落選はしましたが二十万九千票《ぴょう》あまりの支持を集めました。弁護士《べんごし》としていじめ問題などを手がけるほか、人権《じんけん》や平和を守るために活動しています。選挙《せんきょ》に立候補《りっこうほ》したきっかけや、弁護士《べんごし》の仕事について聞いたあと、本題である政治《せいじ》に関する質問《しつもん》に入りました。諸石さんが質問《しつもん》を切り出しました。

諸石さん　選挙《せんきょ》に行かない若《わか》い人が多い。投票しても、なにが変わっているのかが、ぜんぜんわからないからではないか。

杉浦さん　「選挙《せんきょ》に行ってもなにも変わらないよ」とわかったようなふりをして投票に行かない人もいるけど、逆《ぎゃく》に「どうして変わっていないってわかるの?」と聞きたい。「この人に投票するんだ」と熱くなっている人より、「どうせ変わらないさ」と離《はな》れて見ているほうが、かっこいいと思っているのではないか。

諸石さん　選挙中《せんきょちゅう》は「わたしが変えていきます」と訴《うった》えているが、ほんとうに変わったかどうかはやっぱりわからない。議員は年金問題や障害者《しょうがいしゃ》の問題など、変わったのか変わっていないのかを伝えてほしい。選挙《せんきょ》が終わったからおしまい、ではなくて。

杉浦さん　変えようとして活動していることを、新聞やテレビだけで知らせることは、なかなか難《むずか》しい。どうやったら有権者《ゆうけんしゃ》に伝わるでしょう。教えてほしい。

諸石さん　議員は、少しでも外に出て、いろんな人と対面して話したほうがわかってくれると思う。

杉浦さん　選挙《せんきょ》運動でマイクを握《にぎ》っていても、多くの人に伝えるのは難《むずか》しいと思った。

有権者《ゆうけんしゃ》の側も、ほんとうに知りたいと思ったら、国会議員や地方議員に対して「話をしてほしい」とアクションを起こしてはどうか。

諸石さん そうすれば「どうでもいいや」という有権者《ゆうけんしゃ》の意識《いしき》は、だんだんなくなっていくと思う。集会に行く人も増《ふ》えていく。

杉浦さん 議員も「みんなに話したのだから、やらなきゃ」という気持ちになる。

諸石さん そういう感じでやっていけば、有権者《ゆうけんしゃ》がなにも突《つ》っこまなかったせいで政治《せいじ》家《か》の好き放題《ほうだい》にやられてしまうこともなくなる。有権者《ゆうけんしゃ》が言っていけば変わると思うし、みんなが安心できる社会になる。

政治《せいじ》は社会を変えてくれるのか？

どうすれば政治《せいじ》をもっとよくすることができるかをめぐって、諸石《もろいし》さんの率直《そっちょく》な問いを真正面から受け止める杉浦《すぎうら》さん。二人のぴったり噛《か》み合《あ》った議論《ぎろん》を通して、なにかが見えてきませんか。そうです。有権者《ゆうけんしゃ》がもっと自分の問題として政治《せいじ》にかかわろうとする意識《いしき》、そして政治家《せいじか》が有権者《ゆうけんしゃ》に対して、もっと情報《じょうほう》を発信することの大切さです。杉浦さんは「障害《しょうがい》のあるなしにかかわらず、これだけのことを言える人はそんなにいない。すごいと思う」と驚《おどろ》いていました。

諸石さんが杉浦さんにこうした質問《しつもん》をぶつけたのは、政治《せいじ》がどう社会を変えているのか、もっと知りたいと思っているからです。「障害《しょうがい》のある自分たちの置かれている立場を、政治《せいじ》は変えてくれるのか」という思いが強いのです。

諸石さんは、学校を卒業《そつぎょう》して工場に就職《しゅうしょく》したときのことを「養護《ようご》学校から来たと言うと、レベルが低く見られる。すごく気まずかった」とふり返《かえ》ります。幸運なことに、職《しょく》場《ば》には自分たちのことを理解《りかい》してくれる先輩《せんぱい》がいて「仕事に障害《しょうがい》もなにも関係ない」と言ってくれました。おかげでやる気を失うことなく、今もがんばって働いています。しかし「自分たちにとってレベルが低く見られることは傷《きず》つく。でも、実際《じっさい》にはそういうふうに考えている人もいると思う。もう少しやりやすくしてほしい」と言います。

諸石さんは『ステージ』について、読者が選挙《せんきょ》に行くときの判断《はんだん》材料になるような情《じょう》報《ほう》を、もっと伝える必要があると考えています。いいかえれば、諸石さんがインタビューでこだわったように「政治《せいじ》によって社会がどう変わっているのか」をもっと知らせるということです。そして、『ステージ』を大人だけではなく、絵やマンガを使ってわかりやすくするなどして、中学生や高校生にも読んでもらいたいとも思っています。

ほんとうはみんなすてきな一人ひとり

生きていくための情報《じょうほう》もほしいし、まわりのことも知りたい。そして、知的障害《ちてきしょうがい》のある自分たちのことを、もっと知ってほしい――。『ステージ』という名前には、障害《しょうがい》のある人自身が主役を演《えん》じることのできるステージ（舞台《ぶたい》）、そして新しいステップに踏《ふ》み出《だ》すためのステージ（段階《だんかい》）になれば、という願いがこめられています。

編集《へんしゅう》会議や取材のときにはいつもそばにいて、編集《へんしゅう》委員たちを温《あたた》かく見守っている女性《じょせい》がいます。編集《へんしゅう》委員を束《たば》ねる「お母さん」のような存在《そんざい》の編集長《へんしゅうちょう》、花崎《はなざき》三千子《みちこ》さんです。

「知的障害《ちてきしょうがい》のある当事者を抜《ぬ》きにして、『こうすればきっと伝わるだろう』と、ほかの人が自分たちの常識《じょうしき》で決めてはなりません。『ステージ』をつくるのは、当事者の編《へん》集《しゅう》委員たちなんです」

花崎さんは力をこめて話します。子どものころ、知的障害《ちてきしょうがい》のある子どもが通う学級が身近にあったため、そのようすを見て、「運動会の徒競走《ときょうそう》で手をつないで走ったり、途中《とちゅう》でグラウンドの石を拾ったりする奇妙《きみょう》な人たち」と思っていたそうです。しかし、こうした風景は、心の中のどこかに残っていて、普通学級《ふつうがっきゅう》の教員になってからも、ずっと気になっていました。「ほんとうに自分のやりたいことはなんだろう。小さいころに知ったあの子たちのそばにいることじゃないか」と考えて、札幌《さっぽろ》にある知的障害《ちてきしょうがい》のある人の施設《しせつ》の職員《しょくいん》として、支援《しえん》に深くかかわってきました。

花崎さんは知的障害《ちてきしょうがい》のある人が自分で考え、判断《はんだん》しながら働いたり、余暇《よか》を楽しんだりすることを応援《おうえん》することに力を注《そそ》いできました。社会では長い間、こうした人たちは「なにもわからず、まわりの人たちが助けてあげないとなにもできない」と考えられていました。これに対し、スウェーデンなど北欧《ほくおう》の国々で、障害《しょうがい》のある人が社会に出ていけるように支援《しえん》しようという動きが高まりました。日本でも最近になってようやく、知的障害《ちてきしょうがい》のある人が家庭や施設《しせつ》の中だけで暮《く》らすのではなく、積極的《せっきょくてき》に社会に出ていくこと、自分らしく生きることが理解《りかい》され始めました。

そんななかで、「全日本手をつなぐ育成会」は、知的障害《ちてきしょうがい》のある人たちの自立《じりつ》した生活を支援《しえん》する取り組みとして「わかりやすい本」を出すことにしました。知的障害《ちてきしょうがい》のある人が読めるように、あるいは文字が読めない人であっても、そばにいる人に読んでもらえば理解《りかい》できるように、わかりやすくくふうした本です。自立するために必要な情《じょう》報《ほう》、たとえば法律《ほうりつ》、体や料理に関する知識《ちしき》などを紹介《しょうかい》しています。家族や社会に対するメッセージを当事者みずから書いた本もあります。障害《しょうがい》のある人への無理解《むりかい》や差別、働いてもなかなか収入《しゅうにゅう》が得られないことなどが、率直《そっちょく》につづられています。こうした取り組みが『ステージ』発刊《はっかん》につながっていきました。

花崎さんは言います。

「知的障害《ちてきしょうがい》があるということは、社会の中でコミュニケーションの障害《しょうがい》があるということ。だから社会では『なにもわからない、なにもできない、得体《えたい》の知れない人たち』という誤解《ごかい》が生まれます。だけど、ほんとうはみんなすてきな一人ひとり。誤解《ごかい》がそのままバリアとなることがあるけれど、誤解《ごかい》を取りのぞくことができれば、新たな人と人とのつきあい方が見えてくるはずです」

世界会議でどよめきが起こった！

『ステージ』の第一面では「障害《しょうがい》のある人の命、軽く見られていませんか？」という大見出しとともに、こんなできごとを取り上げたことがあります。二〇〇二年、知的《ちてき》障害《しょうがい》のある青年が、勤《つと》め先《さき》の工場で会社側の安全管理《あんぜんかんり》に重大な過失《かしつ》があったために亡《な》くなった事件《じけん》です。この青年は、自分たちで考えながらさまざまな活動を行って社会とかかわろうと、仲間とともにグループを立ち上げてがんばっていました。

どんな事件《じけん》だったのでしょうか。クリーニング工場で乾燥機《かんそうき》の大型《おおがた》回転機に洗濯物《せんたくもの》が詰《つ》まったため、自動的に運転が止まりました。その青年が機械の中に入って洗濯物《せんたくもの》を取りのぞいたところ急に回転機が動き始め、巻《ま》きこまれてしまったのです。青年は、運ばれた病院で亡《な》くなりました。会社側が機械の中に入ることが危険《きけん》であることを十分に説明せず、緊急事態《きんきゅうじたい》が起きたときの訓練《くんれん》も行っていなかったことが原因《げんいん》でした。また、会社は決められた労働時間《ろうどうじかん》を超《こ》えて職員《しょくいん》を働かせていました。青年の親が会社側を訴《うった》え、二年以上にわたる裁判《さいばん》の末《すえ》に、ようやく会社側に損害賠償《そんがいばいしょう》を命じる判決《はんけつ》が出されました。

『ステージ』の記事は、二度とこのようなことが起きないように、日本中の工場が安《あん》全対策《ぜんたいさく》をとってほしいと訴《うった》えました。

二〇〇六年秋。メキシコのアカプルコで、四年に一度の知的障害《ちてきしょうがい》のある人たちの世界会議が開かれました。壇上《だんじょう》には、この章のはじめに紹介《しょうかい》した、編集《へんしゅう》会議で司会を務《つと》めた小池《こいけ》さんと、もう一人の編集委員《へんしゅう》の姿《すがた》がありました。二人は世界に向けたスピーチで、『ステージ』の十年間の取り組みを報告《ほうこく》しました。編集《へんしゅう》委員がとくに心に残っている記事として、この事件《じけん》の記事などを紹介《しょうかい》しました。

発表を聞いた世界の仲間からは、どよめきが起こりました。この事件《じけん》の記事だけでなく、一般《いっぱん》のニュースを積極的《せっきょくてき》に扱《あつか》う『ステージ』の姿勢《しせい》も高く評価《ひょうか》されました。また、障害《しょうがい》のある人たちが新聞記者といっしょに編集《へんしゅう》作業にあたっていることに対しても、驚《おどろ》きと称賛《しょうさん》の声が上がったそうです。同行した花崎《はなざき》さんは、そのときの感動をおそらく一生忘《わす》れることはないでしょう。

小池さんたちのスピーチを再現《さいげん》します。

「わたしたちも知りたいことがたくさんあります。勉強したいこともたくさんあります。でも、十数年前の日本には、知的障害《ちてきしょうがい》のある人のためにつくられた新聞はありませんでした。わたしたちはわからないのではなく、わかりやすく、ていねいに話してくれれば、理解《りかい》できる仲間がたくさんいます。

（世界では）自分より弱い人に暴力《ぼうりょく》をふるったり、食事をあげなかったり、無視《むし》したり、ふつうの学校に入れなかったり、仕事につかせなかったり、ひどいことがまだたくさん行われています。絶対《ぜったい》にやめさせなければなりません。

（『ステージ』で障害《しょうがい》のある人への）『虐待《ぎゃくたい》をやめてほしい』と社会に訴《うった》えました。わかりやすい新聞『ステージ』を、これからもたくさんの人に見てもらえるとうれしいです。ほかの国の同じような新聞をつくっている人たちと交流したいです」

『ステージ』の取り組みは、単に、「難《むずか》しいことをわかりやすく表現《ひょうげん》すれば伝わる」ということを示《しめ》しているのではありません。「人と人とのおたがいの理解《りかい》を深めると、もっと伝わりやすくなる」「人をよく知りもしないで決めつけてはいけない」。そんなことにも気づかせてくれるのではないかと思います。

2

いっしょに笑《わら》いたい

バリアフリー映画《えいが》で感動《かんどう》を分かち合う人たち

――ある夏の昼下がり。リトル・ウィンジングの住宅街《じゅうたくがい》。少し離《はな》れた広い原っぱの一角に、子ども用の遊具が設置《せっち》された公園がある。

一人の少年が、肩《かた》を落として歩いてくる。ハリー・ポッターだ。少しイライラしているようす。

ブランコに腰《こし》を下ろすハリー。

目の前にあるメリーゴーラウンドのような遊具で、母と子が遊んでいる。

（母「さあさ、降《お》りて」）

（子「帰んなきゃダメ？」）

母が、子どもの手を引いて帰ってゆく。ハリーが、うらやましそうに見つめている。

（ダドリーの笑《わら》い声《ごえ》）

いとこのダドリー・ダーズリーが現《あらわ》れる。

（ダドリー「おまえの母さん、どこにいるんだ？　死んだのか？」）

ハリー、立ち上がりポケットから杖《つえ》を抜《ぬ》く。突然《とつぜん》、あたりが暗くなり、黒い雲が厚《あつ》く垂《た》れこめる。

（ダドリー「なにする気だ!?」）

（ハリー「なにもしていない！」）

顔を見合わすハリーとダドリー。

雨が激《はげ》しく降《ふ》り出《だ》す。

二人は、道路の下をくぐる地下道に飛びこむ。

（ハリーとダドリーの荒《あら》い息）

地下道のライトが、チカチカ点滅《てんめつ》しだす。なにか不気味《ぶきみ》な気配《けはい》を感じるハリー。あたりの気温が下がり始める。夏だというのに、二人の吐《は》く息が白くなっている。

突然《とつぜん》「吸魂鬼《きゅうこんき》」ディメンターが現《あらわ》れ、ハリーののどもとをつかみ、壁《かべ》に押《お》し付《つ》ける！

顔を近づけて魂《たましい》を吸《す》い取《と》ろうとするディメンター！

映《えい》写《しゃ》室《しつ》でいったいなにを始めるの？

まるで遊園地のような広いチケット売り場には日が射《さ》しこんでいて、家族やカップルでにぎわっています。キャラメルをコーティングしたポップコーンのにおいが漂《ただよ》ってくれば、だれだってわくわくしてきます。のんびりしたある土曜日の昼下がり。一見、いつもと変わらない映画館《えいがかん》の光景です。

おしゃべりして上映《じょうえい》を待つ観客《かんきゃく》を横目に、大荷物を携《たずさ》えて、急ぎ足で映写室《えいしゃしつ》に入っていく男性《だんせい》がいます。舞台俳優《ぶたいはいゆう》の檀鼓太郎《だんこたろう》さんです。

映写室《えいしゃしつ》は観客席《かんきゃくせき》のうしろの天井《てんじょう》近くにあります。みなさんは、映画館《えいがかん》の客席に座《すわ》ってうしろをふり向いたときに、フィルムを拡大《かくだい》してスクリーンに映《うつ》し出《だ》す、映写機《えいしゃき》の強い光を見たことはありませんか。映写機《えいしゃき》が置いてある部屋が映写室《えいしゃしつ》です。映写窓《えいしゃまど》とよばれる小さなガラス窓《まど》からは、スクリーンと客席を見下ろすことができます。

映写技師《えいしゃぎし》の人は別にいます。檀さんはいったい、ここでなにをするのでしょうか。なにやら、機材をいじっています。マイクテストなどの準備《じゅんび》を終えると、映画《えいが》のスタートを前に、マイクに向かいました。どうやら客席に自分の声を届《とど》ける準備《じゅんび》だったようです。

そこで、今度は客席に目を移《うつ》してみましょう。白い杖《つえ》を持った人や盲導犬《もうどうけん》を連れた人たちが、ほかの観客《かんきゃく》に混《ま》じって座《すわ》っています。三十人ほどのグループです。映画《えいが》が始まる前だというのに、なぜかみな携帯型《けいたいがた》のラジオを持ち、耳にイヤホンを付けています。ラジオでなにを聞いているのでしょうか。聞こえてくるのは、檀さんの声です。檀さんは親しみやすい軽妙《けいみょう》な語り口で、作品の見どころや、シリーズおなじみの登場人物のことを説明しはじめました。それを聞きながら、映画《えいが》が始まるのを静かに待っているのです。

この日開かれたのは、ボランティア団体「シティライツ」が主催《しゅさい》した「バリアフリー映画《えいが》」の鑑賞会《かんしょうかい》です。檀さんもシティライツのメンバーです。目が不自由で映画《えいが》が見づらかったり、見えなかったりするメンバーたちといっしょに映画《えいが》を楽しむために、これから檀さんが映像《えいぞう》の説明を声で実況中継《じっきょうちゅうけい》することになっているのです。映写室《えいしゃしつ》で檀さんは、持ってきたＦＭ《エフエム》電波《でんぱ》を送信する機械に、マイクを接続《せつぞく》していたのです。

さあ、いよいよ世界的なヒットシリーズの新作「ハリー・ポッターと不死鳥《ふしちょう》の騎士《きし》団《だん》」の始まりです。ぐるぐると巻《ま》かれたフィルムを手繰《たぐ》る映写機《えいしゃき》は、まるで発電機のようなうるささです。そんななかで、檀さんによる実況《じっきょう》ガイドが始まりました。

もうおわかりですね。じつはこの章の最初に紹介《しょうかい》したのは、檀さんが実際《じっさい》に映画《えいが》の冒《ぼう》頭《とう》の場面を中継《ちゅうけい》したものなのです。かっこの中は、せりふや効果音《こうかおん》です。今日の鑑賞《かんしょう》会《かい》では、映画《えいが》のせりふは字幕《じまく》ではなく、日本語吹《ふ》き替《か》えです。ですから、檀さんはせりふの合間に、映像《えいぞう》について言葉で説明を差しはさむのです。映像《えいぞう》が見えなかったり、見えづらかったりする人にとって、せりふや音響《おんきょう》だけで、映画《えいが》の内容《ないよう》を理解《りかい》するのは難《むずか》しいものです。シティライツのメンバーは、ラジオを通じて聞こえてくる檀さんの説明を聞いて場面を想像《そうぞう》しながら、耳でせりふを聞き、映画《えいが》を「観《み》る」のです。どうでしょうか。みなさんは冒頭《ぼうとう》の部分を読んで、場面を想像《そうぞう》することができたでしょうか。

映写室《えいしゃしつ》
一人の少年が
……
FM電波の送信機
一人の少年が……

この作品は、闇《やみ》の世界の邪悪《じゃあく》な魔法《まほう》使いとの壮絶《そうぜつ》な戦《たたか》いなど、スピード感にあふれるアクションシーンや、風変わりな生き物が登場するなど、幻想的《げんそうてき》な場面が多いことが特徴《とくちょう》です。つまり、場面を言葉で表現《ひょうげん》するのはとても難《むずか》しい作品といえるでしょう。この日、上映《じょうえい》されたのは日本語吹《ふ》き替《か》え版《ばん》ですが、字幕版《じまくばん》の場合は、字幕《じまく》を読む別の人が必要です。このように、映像《えいぞう》を言葉で説明することを、シティライツでは「音声ガイド」とよんでいます。本来なら音声ガイドは、台本をつくり、あらかじめ録音《ろくおん》しておいたものを鑑賞会《かんしょうかい》で流すのですが（67ページ参照《さんしょう》）、今回のように、新作で上映《じょうえい》期間が短かったりして台本をつくる時間がない場合は、ライブで音声ガイドを行っています。今回は檀さんが一人で音声ガイドを務《つと》めます。

映像《えいぞう》とのひとりぼっちの「格闘《かくとう》」

わたしも映写室《えいしゃしつ》に入れてもらって、檀《だん》さんの音声ガイドを密着《みっちゃく》取材しました。そのようすをくわしく伝えます。

映写室《えいしゃしつ》の中はエアコンがきいていて、とにかく寒いのです。フィルムを保護《ほご》するために、温度や湿度《しつど》を一定に保《たも》つ必要があるからです。檀さんは台本やメモのたぐいを持たず、小さな映写窓《えいしゃまど》を通してスクリーンの映像《えいぞう》を見ながら、ハリーたちが戦《たたか》いに向かう場面などをてきぱきと説明していきます。展開《てんかい》が激《はげ》しい場面になると、一分以上も息を継《つ》ぐことなく、スポーツ中継《ちゅうけい》のような早い口調で、すべての動きを伝え切ります。まるでみずから演《えん》じているかのように、大きな背中《せなか》を揺《ゆ》さぶりながら。「勝負どころ」という場面では、立ち上がって気合いを入れるかのように。せりふのやりとりが続き、少しだけガイドを休めるときには、ペットボトルの飲料水《いんりょうすい》でのどを潤《うるお》します。集中力を切らさないようにしなければなりません。アクションシーンの多い作品では、ライブの音声ガイドは、まさに烈《はげ》しいスポーツそのものなのです。

音声ガイドの鉄則《てっそく》は、せりふにガイドが重ならないようにすることです。映像《えいぞう》のテンポに合わせることが大切で、ほかの観客《かんきゃく》が笑《わら》っているときに、同時に笑《わら》えるように説明するのがベストです。また、せりふとせりふに間がないときは、すばやく必要な説明だけを差しはさまなければなりません。時間に余裕《よゆう》がないと思えば、前倒《まえだお》しで次の場面の説明を始めることもあります。

しかし、ただ情景《じょうけい》を見たまま伝えるだけの音声ガイドでは失格《しっかく》です。また、「いつ、どこで、だれが、なにをしているか」をていねいに伝えることは大切ですが、「なぜ登場人物がこうした行動をしたのか」といったことまであまり細かく説明してしまっては、今度は興《きょう》ざめでおせっかいになってしまいます。「ここはせりふだけじっくり聞かせるところだから、黙《だま》っていたほうがよい」といった判断《はんだん》も大切で、このあたりのバランスの取り方が難《むずか》しいところです。

一見なにげない場面のように思えても、作品全体の中で、重要な意味をもっている場面は落とすことができません。たとえば檀さんは、ハリーに対して淡《あわ》い気持ちを抱《いだ》く少女が登場する場面で「微妙《びみょう》な表情《ひょうじょう》を浮《う》かべています。ハリーのことが好きなんですね」と、表情《ひょうじょう》の奥《おく》にある気持ちにもふれていました。

ロマンチックな場面はこんなふうに。「ヤドリギが現《あらわ》れました。ヤドリギの下ではキスをしてもよいことになっています。この部屋には必要なものがすぐ現《あらわ》れるのです。けっして抱《だ》き合《あ》ったりせず、初々《ういうい》しいキスです。ヤドリギの花が開きました」

ハリーがおたがいに思いを寄《よ》せ合《あ》う少女と口づけを交《か》わす瞬間《しゅんかん》を、こう描写《びょうしゃ》してみせました。

最後に、監督《かんとく》や出演者《しゅつえんしゃ》などを紹介《しょうかい》するエンドロールを読み上げ、音声ガイドは無事《ぶじ》に終わりました。それは場面展開《てんかい》のテンポが速い映像《えいぞう》との、二時間あまりにわたる檀さんのひとりぼっちの〝格闘《かくとう》〟でした。「お疲《つか》れさまでした」とわたしが声をかけると、「おなかすいたー」とひと声。そして、

「芝居《しばい》でも、二時間半しゃべりっぱなしなんてことはないですよ」

緊張《きんちょう》から解《と》き放《はな》たれた檀さんは、ようやくその表情《ひょうじょう》をゆるめました。

声だけで伝える面白さ ライブならではの魅力《みりょく》

「今日は七十パーセントのできでした」とあいさつした檀《だん》さんに対して、いっせいに「えー?」と驚《おどろ》きの声が上がりました。

映画《えいが》が終わると、近くのレストランで食事会があります。映画《えいが》を楽しんだメンバーと檀さんが対面しました。その中には、この鑑賞会《かんしょうかい》を企画《きかく》した人たち、目の不自由な人たちの誘導《ゆうどう》を担当《たんとう》した人たちもいます。誘導係《ゆうどうがかり》などのメンバーもふくめてみんな、檀さんのガイドをイヤホンで聞いていました。

料理が運ばれてくるまでの間、メンバーは順番に感想を発表しあいました。

「吸《す》いこまれていくような感じだった」

「檀さんは登場人物の名前を全部おぼえていて、すごいと思った」

「『ハリー・ポッター』シリーズは回を重ねるにつれて、大人向けの複雑《ふくざつ》な作品になりつつあるから、ガイドがないと鑑賞《かんしょう》するのがつらい」

「この日を指折り数えて、檀さんのガイドを楽しみにして来た。原作とのちがいがよくわかった」

檀さんは「ハリー・ポッター」シリーズは、はじめてガイドをしました。メンバーは事前にシティライツから送られてくる「あらすじ」を読んでから鑑賞会《かんしょうかい》に臨《のぞ》みます。今回は檀さんがその解説《かいせつ》を作成しました。そのときのハンドルネームは「ダニー・コッター」。

あらすじを読んだうえで当日、音声ガイドを聞いても、どうしても理解《りかい》の難《むずか》しい場面はあるものです。檀さんは、食事をしながらこうした場面の補足《ほそく》説明もしています。

せりふとせりふのわずかの合間に、わかりやすいガイドを差しはさむ。檀さんは、その難《むずか》しさを、大好きなアメリカン・フットボールにたとえて「敵《てき》のタックルが大勢《おおぜい》いる中で、ちょっとのすき間をすり抜《ぬ》けて進んでいくような感じ」と表現《ひょうげん》します。

舞台俳優《ぶたいはいゆう》として、公演《こうえん》で全国を飛び回る檀さんが音声ガイドを始めたのは、映画《えいが》を研究する会で、シティライツ代表の平塚千穂子《ひらつかちほこ》さんと知り合い、「音声ガイドをしませんか」とさそわれたのがきっかけです。檀さんは腰《こし》を痛《いた》めて体を動かせなかった時期があったこともあり、当時は朗読《ろうどく》の仕事にもかかわっていました。「声だけで伝える」ことの面白さを感じていたので、映画《えいが》をガイドするという未知の世界にたちまち惹《ひ》かれていったというわけです。

檀さんはそれ以来今日まで、映画館《えいがかん》では十八作品を実況《じっきょう》ガイドしてきました。すべて報酬《ほうしゅう》をもらわないボランティアですが「音声ガイドをすることで、役者の仕事や台本を書くことに役に立つ」と楽しみながら続けています。

今回の「ハリー・ポッター」は、登場人物が多いうえ、場面の展開《てんかい》も早いため、難《むずか》しい仕事となることがわかっていました。新作ですからDVD《ディーブイディー》はまだ発売されていません。そこで、映画館《えいがかん》に足を運んで〝予習〟のために四回も作品を観《み》ました。また、原作やシナリオにも目を通して、できるかぎりの下調べをして本番に備《そな》えました。実際《じっさい》に映写室《えいしゃしつ》に入れてもらって予行演習《よこうえんしゅう》もしました。〝実戦〟に勝《まさ》る準備《じゅんび》はありませんから、音声ガイドにとって、こうした便宜《べんぎ》をはかってくれる映画館《えいがかん》はたいへんありがたい存在《そんざい》です。場面を適切《てきせつ》に解説《かいせつ》するためには、できるだけその作品を観《み》て、監督《かんとく》の意図《いと》や登場人物の気持ちまで理解《りかい》しておかなければなりません。原作を読むことではじめて、ある場面で登場人物がなぜそのような表情《ひょうじょう》をしたのか、といったことがわかることもあります。作品のテーマをふまえた全体の構成《こうせい》を理解《りかい》していなければ、一つひとつの場面の意味も見えてこないのです。なによりも、映像《えいぞう》を見た瞬間《しゅんかん》に言葉が出るくらい、筋書《すじが》きを頭の中にたたきこんでおくことが大切です。映像《えいぞう》を見てから考えているのでは、とても間に合わないからです。

そこまで準備《じゅんび》したのに、なぜ「七十パーセントのでき」だったのでしょうか。

「スクリーン上で起きていることを言葉だけで伝えるのは大変だけど、その大変さが楽しい。せりふとせりふの合間に、必要最低限《さいていげん》のガイドがうまく言えたときの気持ちよさといったら……。みんなは楽しんでくれたかもしれないけれど、今日は『気持ちよさ』の域《いき》までには達しなかったから、七十パーセント。百パーセントにもっていくためには、原作をもっと読みこんで、内容《ないよう》を自分のものにしなければならないですね」

ボランティアとは思えない、檀さんの熟達《じゅくたつ》した職人《しょくにん》のような姿勢《しせい》には、たいへん驚《おどろ》かされます。この日、この場所での檀さんのガイドは、同じものを二度と聞くことはできません。「ライブならではの緊張感《きんちょうかん》があって、そこが魅力《みりょく》」と言うメンバーもいます。

檀さんの音声ガイドでいっしょに映画《えいが》を体験《たいけん》した人たちには、檀さんの声とともに、いつまでもその感動がよみがえってくることでしょう。

「おれは映画館《えいがかん》に来て観《み》たんだ！」

シティライツは、目の不自由な人たちがどの程度《ていど》「映画《えいが》を観《み》たい」と思っているのかについて、文化庁《ぶんかちょう》の委託《いたく》を受けて、アンケートしたことがあります。全国の五百人近くが回答し、九十パーセントの人が「ガイド付き映画《えいが》を観《み》てみたい」と答えました。また、半数近くの人は、一年間で十一本以上の映画《えいが》を観《み》ていました。逆《ぎゃく》に、「映画《えいが》を観《み》ない」

と答えた人の多くは「音声だけではうまく理解《りかい》できないから」と答えています。この調《ちょう》査《さ》結果は、目の不自由な人は、映画《えいが》を楽しみたいと思っても、実際《じっさい》には高い壁《かべ》が立ちふさがっていることをはっきりと示《しめ》しているといえるでしょう。

アンケートでは「視覚障害者《しかくしょうがいしゃ》もガイドがあれば映画《えいが》も頭の中で観《み》られる。流行の映《えい》画《が》も早く観《み》たい」（五十歳《さい》代、男性《だんせい》）「目の見える友達といっしょに映画《えいが》を観《み》たい」（五十歳《さい》代、男性《だんせい》）「どんな種類《しゅるい》の映画《えいが》にもふつうに音声ガイドが付くようになると、いつでも自由に好きな映画《えいが》を楽しむことができる」（三十歳《さい》代、女性《じょせい》）といった声が聞かれました。

病院でマッサージ師《し》をしているある男性《だんせい》は、五年前にシティライツと出会うまでは外に出ることがおっくうだったそうですが、最近は、毎週のように映画《えいが》を楽しむため、電車に乗って出かけるようになりました。

シティライツの鑑賞会《かんしょうかい》の集合場所はいつも、映画館《えいがかん》の最寄《もよ》り駅の改札口《かいさつぐち》を出たところです。人込《ひとご》みの中で、仲間たちが集まってわいわいやっています。年齢《ねんれい》も性別《せいべつ》もさまざまなメンバーは、映画館《えいがかん》に向かうまでの時間、おしゃべりに花を咲《さ》かせます。そんなこともあり、この男性《だんせい》は、鑑賞会《かんしょうかい》に参加するようになって、新たな仲間も増《ふ》えました。職場《しょくば》での休み時間に、同僚《どうりょう》との映画《えいが》の話題についていけるようになりました。

シティライツのメンバーおよそ二百人のうち、半分は目の不自由な人です。みんな鑑《かん》賞会《しょうかい》を楽しみにしています。この男性《だんせい》もそんな一人です。鑑賞会《かんしょうかい》が開かれる前に、事《じ》務局《むきょく》から電子メールで送られてくる作品の解説《かいせつ》を、パソコンの文字を音声で読み上げてくれるソフトを使ってよく聞きます。そのうえで、インターネットで作品に関する情報《じょうほう》を集めたり、点字図書館から原作を借りて読んだりすることもあります。これまでに鑑《かん》賞会《しょうかい》で観《み》た「ロード・オブ・ザ・リング」「亡国《ぼうこく》のイージス」「かもめ食堂《しょくどう》」などの情《じょう》報《ほう》は、すべてパソコン上にファイルとして大切に保存《ほぞん》しています。

この男性《だんせい》は、二十歳《さい》のころに「網膜色素変性症《もうまくしきそへんせいしょう》」（88ページ参照《さんしょう》）という難病《なんびょう》のため、急激《きゅうげき》に視力《しりょく》が低下するまでは、テレビや映画《えいが》が好きで、よく見ていました。今でも忘《わす》れられないドラマがあります。目の不自由な女性《じょせい》の「映画《えいが》を聞きに行ってくる」というせりふや、目の不自由な人が使う白杖《はくじょう》が転がるシーン。「まさか自分が同じ立場になるとは思わなかった」と言います。

シティライツの鑑賞会《かんしょうかい》にはじめて参加したときに観《み》たのは「ハリー・ポッターと秘《ひ》密《みつ》の部屋」でした。そのときの感動をこう話してくれました。

「目が悪くなってからは、映画館《えいがかん》は暗い場所だし、行こうとは思わなかった。一生行けないと思っていた。ひさしぶりに映画《えいが》を観《み》て、そりゃよかったですよ。イヤホンを付けて違和感《いわかん》はあったけど、爆発《ばくはつ》や戦闘《せんとう》シーンに集中できて、楽しめた。『おれは映画館《えいがかん》に来て、観《み》たんだ!』と人生が変わるような気がした。なんといってもポップコーンのにおいや大音響《だいおんきょう》は、映画館独特《えいがかんどくとく》じゃないですか。なにより、みんなが笑《わら》う場面でいっしょになって笑《わら》えるのが楽しいんです」

映画《えいが》の内容《ないよう》はもちろんですが、同じ時間に同じ場所で、みんなが感動を分かち合うことがもっとも楽しいことなのです。もちろん、わくわくするような上映前《じょうえいまえ》の雰囲気《ふんいき》、ポップコーンのにおいもふくめて。

十分の音声ガイドづくりに五時間以上!?

「作品を選んだら、次に企画《きかく》のリーダーや音声ガイド、受付、誘導《ゆうどう》や食事会の予約《よやく》などをだれが担当《たんとう》するかを決めてください。映画館《えいがかん》との交渉《こうしょう》が必要な場合は、私とスタッフが行きます。映画《えいが》のあとにかならず食事会やお茶会を開くのが、シティライツ流です」

ある日曜日。東京都内の会議室では、シティライツのメンバーの交流会が行われています。二〇〇一年四月にシティライツを結成したときから代表を務《つと》めている平塚千穂子《ひらつかちほこ》さんが、参加した人たちに、鑑賞会《かんしょうかい》を開催《かいさい》するまでの流れを説明しています。

鑑賞会《かんしょうかい》の企画《きかく》に何度も携《たずさ》わったことのある常連《じょうれん》メンバーもいれば、はじめて参加した映画好《えいがず》きの女子大生の姿《すがた》もあります。新しく参加した人たちのために、平塚さんはシティライツのこれまでの活動についても、ビデオを見せながら紹介《しょうかい》しています。

シティライツは毎週のようにあちこちで鑑賞会《かんしょうかい》を開いています。さきほどの檀《だん》さんの場合のように、「生《なま》ガイド」のこともありますが、ふつうは鑑賞会《かんしょうかい》の前に、音声ガイドをつくって録音《ろくおん》しておきます。

まず音声ガイドの台本を用意します。台本は、数人のメンバーが手分けしてDVD《ディーブイディー》を観《み》たりシナリオを読んだりしながら、三か月程度《ていど》かけてつくります。一つの映画《えいが》作品に必要な音声ガイドは、文章の数にしておよそ五百にもおよぶため、膨大《ぼうだい》な作業となります。まず作品のせりふをすべて書き起こし、それぞれのせりふの合間にどういう内容《ないよう》のガイドを差しはさめばよいのかをみんなで考えます。わずか十分程度《ていど》の音声ガイドの原《げん》稿《こう》をつくるのに五時間以上かかることは、よくあります。経験《けいけん》を積んだメンバーに助言をもらいながら、いちおうの原稿《げんこう》をつくり終えると、目の不自由なメンバーに実際《じっさい》に聞いてもらうなどして直し、ようやく完成です。これをスタジオで録音《ろくおん》し、鑑賞会《かんしょうかい》の当日、FM《エフエム》電波を送信する機械を通じて客席に伝えます。

鑑賞会《かんしょうかい》を開くには、映画館《えいがかん》の協力《きょうりょく》が欠かせません。すでに鑑賞会《かんしょうかい》を開いた実績《じっせき》があって、いつでも開催《かいさい》が可能《かのう》な映画館《えいがかん》もあれば、新たに交渉《こうしょう》をしなければならない映画館《えいがかん》もあります。交渉《こうしょう》には平塚さんたちが出向いて、支配人《しはいにん》に目的《もくてき》を説明し、理解《りかい》と協力《きょうりょく》を求めます。

シティライツは現在《げんざい》、池袋《いけぶくろ》、有楽町《ゆうらくちょう》、新宿《しんじゅく》、渋谷《しぶや》、川崎《かわさき》と地域《ちいき》ごとのチームに分かれて、鑑賞会《かんしょうかい》の企画《きかく》や音声ガイドの台本制作《せいさく》などを活発に行っています。ずっと音声ガイドの台本づくりに取り組んでいるメンバーは十数人います。鑑賞会《かんしょうかい》の企画《きかく》が立ち上がると、誘導《ゆうどう》メンバーや制作《せいさく》スタッフとして十五人から二十人が参加します。たいていその半数は新しい参加者です。

心に銀幕《ぎんまく》のあかりを灯《とも》し続《つづ》けたい

平塚《ひらつか》さんは、鑑賞会《かんしょうかい》や交流会、企画《きかく》や台本制作《せいさく》の会議に加えて、最近は一般《いっぱん》の参加者を集めて音声ガイドの勉強会を開き、これまで積み重ねてきたノウハウを伝える活動にも取り組んでいます。参加者は、平塚さんの進行の下《もと》で実際《じっさい》に音声ガイドづくりに挑《ちょう》

台本にしたがって、音声ガイドをスタジオで録音《ろくおん》します。（67ページ参照《さんしょう》）

集合場所から映《えい》画館《がかん》まで、誘導《ゆうどう》係のメンバーが、視《し》覚障害《かくしょうがい》のあるメンバーをガイドして、移動《いどう》します。（58ページ参照《さんしょう》）

戦《せん》します。またシティライツの活動を評価《ひょうか》した行政機関《ぎょうせいきかん》から、音声ガイドの制作依頼《せいさくいらい》も寄《よ》せられるようになり、年間で約十五作品を手がけています。

もともとシティライツは、「目の不自由な人たちが映画《えいが》にふれる機会をつくりたい」と、たった数人で音声ガイドの研究会を立ち上げたのが始まりでした。団体名の由来《ゆらい》は、浮《ふ》浪者《ろうしゃ》と盲目《もうもく》の花売り娘《むすめ》の恋《こい》を描《えが》いたチャーリー・チャップリンの無声映画《むせいえいが》「街《まち》の灯《ひ》」の英語の原題（City Lights）からです。「チャーリーのような優《やさ》しさで、わたしたちの心に銀幕《ぎんまく》（映画《えいが》のスクリーン）のあかりを灯《とも》し続《つづ》けたい」という思いから名づけられました。

平塚さんは大学を卒業《そつぎょう》したあと、飲食《いんしょく》関係の仕事につきましたが、失業などの挫折《ざせつ》を経験《けいけん》しました。意気消沈《いきしょうちん》して、なにもやる気がしなかった自分を救《すく》ってくれたのが映画《えいが》でした。もともと映画《えいが》に対して強い関心があったわけではなかったのですが「もっと自分以外のいろいろな人の人生を観《み》たい」と、卒業《そつぎょう》した大学に近い、東京《とうきょう》都新宿《しんじゅく》区の映《えい》画館《がかん》「早稲田松竹《わせだしょうちく》」に通いつめ、いつの間にかこの映画館《えいがかん》で働くようになっていました。

そうやって映画《えいが》にのめりこむうちに、気持ちもだんだん前向きになっていきました。

あるとき、インターネットなどを通じて知り合った映画《えいが》仲間とのあいだで「だれもやったことのない方法で映画《えいが》の上映会《じょうえいかい》を開こうよ」という話が持ち上がりました。上映《じょうえい》作品を「街《まち》の灯《ひ》」とすることはすぐに決まりました。「盲目《もうもく》の花売り娘《むすめ》のストーリーだから、障害《しょうがい》のあるなしにかかわらず、多くの人が観《み》られるバリアフリー上映《じょうえい》にしよう」「目が見えない人にも見てもらいたい」などと、いろんな意見が出ました。

まるで実験！筒《つつ》で音声ガイドをしたことも

結局このときは、バリアフリー上映《じょうえい》は実現《じつげん》しませんでした。しかし、どういう上映会《じょうえいかい》にしようかと思いめぐらすなかで、「当事者の人たちの話を聞こう」と目の不自由な人たちによる演劇《えんげき》グループ「こうばこの会」と出会い、「目の不自由な人たちの多くは映《えい》画《が》を観《み》ることに強い関心をもっているにもかかわらず、あきらめざるをえない」という実態《じったい》を、平塚《ひらつか》さんははっきりと知ったのです。

まず、テレビドラマの副音声《ふくおんせい》を使った視覚障害者向《しかくしょうがいしゃむ》けの解説《かいせつ》放送がどのようにつくられているかを調べることから始めました。目の不自由な人たちの意見を実際《じっさい》に聞きながら、聞き心地《ごこち》がよくて、わかりやすい音声ガイドづくりをめざしました。

はじめての鑑賞会《かんしょうかい》を開いたのは二〇〇一年夏のことです。このときの作品は「千《せん》と千尋《ちひろ》の神隠《かみかく》し」でした。最初のころは、音声ガイドをする人が客席で目の不自由な人の横に座《すわ》り、声をひそめながら解説《かいせつ》していたそうです。平塚さんはその当時をふり返って「まわりのお客さんにガイドの声が漏《も》れないように、筒《つつ》のようなものを使うなど、いろんなことをした。まるで実験のようだった」と笑《わら》います。この方法だと、鑑賞《かんしょう》を希望する人が増《ふ》えると、一般《いっぱん》の観客《かんきゃく》には迷惑《めいわく》になります。試行錯誤《しこうさくご》を続けた結果、FM《エフエム》送信機によるガイドという、今の方法にたどりつきました。

平塚さんは活動を始めたころに「こうばこの会」のメンバーで全盲《ぜんもう》の女優《じょゆう》、美月《みづき》めぐみさんたちを、当時話題になっていた「ダンサー・イン・ザ・ダーク」に誘《さそ》ったことをよくおぼえています。歌手のビョークが視力《しりょく》の衰《おとろ》えていくシングルマザーを演《えん》じた映画《えいが》です。字幕《じまく》の朗読《ろうどく》を吹《ふ》きこんだMD《エムディー》のほかに、音声ガイドを録音《ろくおん》したものを持ってきて、美月さんの隣《となり》に座《すわ》り、イヤホンを付けてもらって映画《えいが》を楽しんでもらいました。

小さいころから目が不自由で「字幕《じまく》のある映画《えいが》はあきらめていた」という美月さんはのちに「電流が走るぐらい感動した。同じ時間と空間の中で、見える人と感動を共有していると思うと、涙《なみだ》が出るほどうれしかった」と感想を話してくれました。美月さんは現在《げんざい》、シティライツの中心メンバーとして、わかりやすい音声ガイドづくりのアドバイスをしています。

失敗談《しっぱいだん》もあります。視力《しりょく》を失ってから時間のたっていない、中途失明者《ちゅうとしつめいしゃ》らが生活訓練《せいかつくんれん》を受ける施設《しせつ》で鑑賞会《かんしょうかい》を行ったときのことです。このときの音声ガイドは、細かな状《じょう》況《きょう》説明を省《はぶ》いたものでした。これに対して「不親切だ」とブーイングの嵐《あらし》がわき起こったのです。「見えない」生活が長い人は、想像力《そうぞうりょく》を働かせることに慣《な》れており、簡潔《かんけつ》なガイドでもこと足ります。ところがこうした状態《じょうたい》にまだ慣《な》れていない人たちにとっては、不満があったのです。見え方や、それを補《おぎな》うための説明のしかたは、その人やそれぞれの経験《けいけん》によって千差万別《せんさばんべつ》なのです。

平塚さんは、六年間の活動を通じていろいろな経験《けいけん》をしました。しかし「完全な音声ガイドをつくることよりも、映画《えいが》をいっしょに楽しもうという気持ちが大事。この映画《えいが》のよさや面白さをもっと伝えたいという思いが、すばらしい音声ガイドをつくる」という思いは、変わることがありません。

映画館《えいがかん》の中ではだれも一人ぼっちではない

平塚さんは、最近、こんなことも思うようになりました。「音声ガイドは、目の不自由な人たちのためだけではなく、だれもが映画《えいが》をわかりやすく観《み》るための補助手段《ほじょしゅだん》と考えるべきではないだろうか」

たとえば、特別《とくべつ》な知識《ちしき》を必要とする映画《えいが》も、音声ガイドがあれば理解《りかい》しやすくなるでしょう。また、音声ガイドを聞くことで、これまでに気づかなかった演出上《えんしゅつじょう》の意図が発見できるかもしれません。

映画《えいが》だけではありません。多くの映像《えいぞう》作品や演劇《えんげき》、テレビ番組に、はじめから音声ガイドが付いていれば、さまざまな特性《とくせい》をもつ人が情報《じょうほう》を得やすい、もっと豊《ゆた》かな社会を実現《じつげん》することにつながるのではないでしょうか。

たとえば、すでに音声ガイドという手段《しゅだん》は、能《のう》や歌舞伎《かぶき》など、現代《げんだい》に生きるわれわれにとって難解《なんかい》な伝統文化《でんとうぶんか》を理解《りかい》するためにも役立っています。多くの子どもにとってわかりやすい映像《えいぞう》教材をつくることもできるでしょうし、片言《かたこと》の日本語しか理解《りかい》できない外国人が生活するうえで重要な情報《じょうほう》を入手できるようになるでしょう。情報《じょうほう》を伝えるうえで、映像《えいぞう》の果たす役割《やくわり》がどんどん大きくなるなか、シティライツの活動は、そんなことも問いかけています。

今週末もどこかの駅の改札口《かいさつぐち》の前に、平塚さんやシティライツのメンバーが集まって、目の不自由な人も目の見える人もいっしょになって、にぎやかに映画館《えいがかん》に向けて移動《いどう》しているはずです。映画《えいが》が始まる前のわくわくする気持ちは、だれだって同じです。知らない人同士が、その立場にかかわらず、幸せな気持ちを分かち合うことのできる空間。

シティライツの活動は、少なくとも映画館《えいがかん》の中では、だれも一人ぼっちではないということを、わたしたちにあらためて思い起こさせてくれます。

自分の力を
あきらめないで

拡大《かくだい》読書器で
元気の種をまく人

拡《かく》大《だい》読書器ってどんなもの？

東京都新宿区《とうきょうとしんじゅくく》にある日本点字図書館の会議室では、ある講習会《こうしゅうかい》が開かれています。その冬一番の大雪の日です。参加した十数人は、テレビモニターの画面に向かって、黙々《もくもく》となにか作業をしています。パソコンの講習会でしょうか。いいえ、パソコンとは少しちがう、見慣《みな》れない器械です。テレビ画面の背景《はいけい》は真っ黒で、画面いっぱいに大きな活字が白く浮《う》かび上《あ》がっています。

テレビの下部には、大きさが新聞一面の半分ほどの、前後左右に動かせるテーブルがあり、その上に本や新聞が置かれています。テレビには、本や新聞を二十センチメートルほど上から撮影《さつえい》する小さなビデオカメラがセットされ、このカメラで映《うつ》した映像《えいぞう》をテレビで見ることができます。ビデオカメラのレンズにズーム機能《きのう》が付いていて、文字を大きくしてテレビ画面に映《うつ》すしくみなのです。これを「拡大読書器《かくだいどくしょき》」といいます。

参加したのはどんな人たちなのでしょうか。「点字図書館に来ているのだから、まったく目の見えない全盲《ぜんもう》の人？」と思うでしょうか。でも、そもそも全盲《ぜんもう》の人は、テレビ画面を見ることができませんね。そうです。文字を画面上に拡大《かくだい》すれば見ることのできる人たちなのです。参加者の「見え方」、つまり視力《しりょく》や視野《しや》などはそれぞれです。人生の途中《とちゅう》から目が見えにくくなった人や、小さいときから見えにくい人、「すでに拡大読《かくだい》書器を持っているけど、うまく使いこなせない」という人もいます。そこで、「器械をうまく使って読みたい」と、大雪のために足下《あしもと》が悪く、交通が乱《みだ》れるなかをわざわざ集まってきたのです。

「一生懸命《いっしょうけんめい》にらむと目が疲《つか》れます。よく見えていたころは、読書するときに『ぼーっ』と見ていたでしょう。それと同じように見てみましょう」

「視野《しや》の真ん中が見えにくい方は、少し視線《しせん》をずらしてください。そうすれば視野《しや》に見たいものが入ってきますよ」

講師《こうし》は、京都《きょうと》府に住む森田茂樹《もりたしげき》さん。各自の机《つくえ》を回って、目が疲《つか》れたり頭が痛《いた》くなったりしないで、楽に拡大読書器《かくだいどくしょき》を使うためのくふうを紹介《しょうかい》しています。姿勢《しせい》のよい細身の体を落ち着いた色のセーターとスラックスが包み、京都弁《きょうとべん》をまじえたなめらかな話しぶりです。

森田さんがお手本を示《しめ》します。背筋《せすじ》をぴんと伸《の》ばし、テレビ画面から五十センチメートル以上離《はな》れて自然な姿勢《しせい》で座《すわ》ります。そして、こんなふうに拡大《かくだい》読書器の使い方を説明していきます。

まず、今日の新聞を読んでみます。テーブルの上に新聞を載《の》せます。映像《えいぞう》の拡大《かくだい》や縮小《しゅくしょう》は自由自在《じゆうじざい》です。十四インチサイズのテレビ画面に、新聞の活字一文字だけを画面いっぱいに映《うつ》し出《だ》すこともできれば、数行分を収《おさ》めることもできます。森田さんは文字を読むとき、視野《しや》に一文字だけを入れます。これは視野《しや》が狭《せま》いためです。新聞の場合は、テレビ画面に一行三文字分を二行だけ大写しにします。つまり、六文字分だけです。そのうちの一文字を視野《しや》に入れて読みます。このようにして、森田さんは「すらすら」と読み進めていきます。目に文字が入ってくる速さは、新聞を手に持ってふつうに読むのとほぼ同じです。

目ではなく、新聞を動かして読む！

みなさんは「たくさんの文字が詰《つ》まっている新聞を、そんなに大写しにして、どうしてすらすら読めるの」と疑問《ぎもん》に思うかもしれません。

新聞を載《の》せたテーブルは、さきほど説明したように前後左右にスムーズにスライドさせることができます。この機能《きのう》を使えばよいのです。拡大読書器《かくだいどくしょき》を使う場合は、ふつうの読み方のように目を動かすのではなくて、目は画面を見たままで、書物を動かしてやるのです。新聞は縦書《たてが》きなので、テーブルを奥《おく》の方向にすべらせていきます。テレビ画面をぼんやり見ていれば、目に文字がどんどん飛びこんできます。行の最後まで進んだら、頭にもどって次の行も同じように読みます。画面上に映《うつ》っている行を読み終えたら、今度はテーブルを右にずらして、次の行を映《うつ》します。そのくり返しです。

森田さんによると、拡大《かくだい》読書器を使う場合の「最悪三重奏《さんじゅうそう》」は、次のようなことです。

「文字を小さく映《うつ》す」

「にらむ」

「揺《ゆ》らす」

文字を小さくして、画面に多くの文字を入れて、見えにくい目で一生懸命《いっしょうけんめい》にらみながら見ようとすると、だれだって疲《つか》れます。そんな状態《じょうたい》では、画面上で少しでも文字が揺《ゆ》れると、まるで乗り物酔《よ》いのように、ものの五分もすると頭が痛《いた》くなってきます。とても読書どころではありません。

多くの人はせっかく拡大《かくだい》読書器を手に入れても、この「三重奏《さんじゅうそう》」のためにすぐに使うことをあきらめて、押《お》し入《い》れの中に片《かた》づけてしまっているのです。それは、その人の目の状態《じょうたい》に応《おう》じた適切《てきせつ》な使い方を教えてくれる人が、まわりにいないからなのです。

しかし、森田さんによれば、「三重奏《さんじゅうそう》」は、ちょっとしたくふうで乗《の》り越《こ》えることができます。

テレビ
ビデオカメラ
改革と発
倍率《ばいりつ》
画面切換《きりかえ》スイッチ
XYテーブル
新聞など

眉間《みけん》にしわを寄《よ》せて、文字が「なんとか見える」のではだめで、なるべく文字を大きくして、ぼんやりと画面を眺《なが》めるように見れば、目は疲《つか》れません。また、画面に映《うつ》った文字を揺《ゆ》らさないためには、テーブルへの手の添《そ》え方《かた》が大切です。物を頂《いただ》くときのように手のひらを上にして、テーブルの下から軽く添《そ》えてやります。テーブルの上の書物にプラスチックなどの透明《とうめい》の板を載《の》せて固定させてやれば、書物を押《お》さえる必要がなく、両手を自由に使うことができます。

とにかくふつうに読むときとはまったく逆《ぎゃく》なのです。目は一点を見つめて書物を動かす。その動きをいかにスムーズにさせるかを考えればよいのです。そうすれば、目に加わる負担《ふたん》を、ぐっと減《へ》らすことができるのです。

また、拡大《かくだい》読書器には、テレビに映《うつ》すときに白黒を反転させる機能《きのう》が付いていて、森田さんはこの機能《きのう》を使うことを勧《すす》めています。目が悪くなった人の多くは、文字は白い紙に黒く書かれているよりも、黒い背景《はいけい》に白く浮《う》かび上《あ》がっているほうが、楽に見ることができるからです。この章のはじめに紹介《しょうかい》したのも、この状態《じょうたい》のテレビ画面です。

書くこともできる拡大読書器《かくだいどくしょき》

さあ、今度は拡大読書器《かくだい》を使って、書く練習です。「読書器」という名前ですが、書くことにも使えるのです。

森田さんは原稿《げんこう》用紙をテーブルの上に置くと、すらすらと住所や名前を書き始めました。文字がマス目からはみ出すことは、まったくありません。

ふつうの書き方とちがうのは、まず目線です。手元のペン先ではなく、画面に映《うつ》ったペン先を見ています。画面に、書いた文字を大写しにして、一文字書いたらテーブルを一文字分ずらし、次の文字を書いていきます。ペン先はつねに画面の中央にあります。

ふつうに書くときのように原稿《げんこう》用紙を机《つくえ》の上に固定して、文字を書き進めるにしたがって手や目を動かすのではありません。ペン先はつねに同じ場所で、原稿《げんこう》用紙のほうをテーブルごと移動《いどう》させていくのです。

読むときと同じように、目はぼんやりと一点を見つめ、視線《しせん》は動かしません。コツはただ一つ。文字の形を整《ととの》えようなどと考えないで、「さっ」と書くことです。見えにくくなっても、字を書くことは「手がおぼえてくれている」ため、あれこれ考えないことが大切です。

講習会《こうしゅうかい》が終わりました。拡大読書器《かくだいどくしょき》をすでに持っているという女性《じょせい》に感想を聞いてみました。

「拡大読書器《かくだいどくしょき》を使って読もうとすると、字が揺《ゆ》れてしまって目が回っていたんです。だけど、くふうすれば楽に読めることがわかりました。まさか新聞が読めるとは思わなかったから、早く家に帰って本を読みたいわ」と笑顔《えがお》で話してくれました。

「メーカーの人に聞いても使い方はわかりません。使っている人に聞くのが一番ですから、なにかあったら私に電話してください」

森田さんは参加者と談笑《だんしょう》しながら、名刺《めいし》を渡《わた》しています。

真っ黒な紙に、白いゴシック体で大きく「森田」と二文字だけが並《なら》んでいます。四つ折りになっていて、開くと名前の「茂樹《しげき》」や連絡先《れんらくさき》も読めます。裏《うら》には「私設拡大読書《しせつかくだいどくしょ》器展示《てんじ》ルーム（無料、要予約、金・土・日・月）」と書かれています。見えにくい人への心配りがされた名刺《めいし》なのです。

ところで森田さんってどんな人なの？

講習会《こうしゅうかい》を取材して以来、季節が五回変わった猛暑《もうしょ》の日、京都《きょうと》府の静かな住宅地《じゅうたくち》にある森田さんの自宅《じたく》を訪《たず》ねました。ずっと、名刺《めいし》の裏《うら》に書かれていた「私設拡大《しせつかくだい》読書器展《てん》示《じ》ルーム」を見学させてもらいたいと思っていました。「この暑さでも寿司《すし》なら悪くならないし、見えにくい森田さんも食べやすいかな」と思いながら買った、二人分の柿《かき》の葉寿司《はずし》を手にして。

「大雪の日にお会いした藤田《ふじた》です」とあいさつすると、「遠くからおいでいただいて。散《ち》らかっていますがどうぞ」とにこやかに迎《むか》えてくれました。

通されたのは、一階の六畳間《ろくじょうま》。所狭《ところせま》しと並《なら》んでいるパソコン用の作業机《づくえ》の上には、拡大《かくだい》読書器やテレビモニターが何台も置かれています。

拡大《かくだい》読書器は、据《す》え置《お》きタイプやカメラだけ取りはずしできるタイプなどさまざまです。部屋に入りきらないために廊下《ろうか》にあふれている物をふくめると、全部で十種類ぐらいあります。テレビも、ブラウン管の十四インチサイズが四台、二十一インチが一台、十五インチの液晶《えきしょう》が一台あって、まるで電器店に来たみたいです。

部屋に置かれているのは拡大《かくだい》読書器だけではありません。三、四十種類のルーペ、日本で販売《はんばい》されている主だった単眼鏡《たんがんきょう》、強力ライト、まぶしさを遮断《しゃだん》するサングラス二十五種類、視力《しりょく》が低い人のための特別《とくべつ》な眼鏡《めがね》……。まさに楽に物を見るための道具がそろった「展示《てんじ》ルーム」。看板《かんばん》に偽《いつわ》りはありません。でも、もちろん非営利《ひえいり》です。

森田さんは一九四七年生まれ。現在《げんざい》の視力《しりょく》は、両眼《りょうがん》とも〇・〇一です。難病《なんびょう》である「網膜色素変性症《もうまくしきそへんせいしょう》」が進行しており、視野《しや》も狭《せま》くなりつつあります。網膜色素変性症《もうまくしきそへんせいしょう》とは、眼球《がんきゅう》の内側にある網膜《もうまく》の細胞《さいぼう》がしだいに破壊《はかい》されていく病気で、森田さんは白内障《はくないしょう》、夜盲《やもう》、色盲《しきもう》もあわせもっています。

森田さんは自分の「見え方」について、こんなふうに表現《ひょうげん》します。

「濃《こ》いサングラスをかけて映画館《えいがかん》にいるようですよ。白い壁《かべ》の病院では、白衣《はくい》の人が背景《はいけい》に溶《と》けてしまうし」

わたしが目の前に置いた、インタビューを録音《ろくおん》するためのボイスレコーダは「なにか黒いもの」に見えます。視野《しや》が狭《せま》いため、向かい合って座《すわ》った人の顔は、二十センチほど視線《しせん》をずらすと、視界《しかい》から消えてしまいます。夜、まちを歩いているとアスファルトの道路は暗すぎて、平らなのか凸凹《でこぼこ》なのか穴《あな》があるのかまったくわからず「暗い川の中を歩いているみたい」と言います。

よく、ひと口に「目の不自由な人」と言いますが、実際《じっさい》には、まったく目が見えない「全盲《ぜんもう》」の人よりも、森田さんのように眼鏡《めがね》やコンタクトレンズを使っても見えなかったり、見えにくい「弱視《じゃくし》」の人のほうが多いといわれています。視力《しりょく》が極端《きょくたん》に低いだけでなく、見える範囲《はんい》である視野《しや》が狭《せま》かったり、視野《しや》が欠けて一部分が見えなかったりする場合も多く、見え方はその人によって、ほんとうにさまざまなのです。医療《いりょう》の発達《はったつ》により人間の寿命《じゅみょう》が延《の》びるにしたがって、高齢《こうれい》や糖尿病《とうにょうびょう》などで目が悪くなる人も増《ふ》えています。

森田さんは、せばまってきて中央部に残った視野《しや》の、さらにその中心が抜《ぬ》けて見えなくなる症状《しょうじょう》が進んでおり、とくに左目が見えにくいということです。「だけど、見えていたときと同じように、けっこういろいろなことができるんですよ」と言います。ほんとうなのでしょうか。

拡大《かく》読書器《だい》で
ケガの手当てもできる

森田さんは「拡大《かくだい》読書器」というよび方が気に入りません。なぜなら、「読み書きはもちろんだけど、もっといろいろなことができる」からです。

拡大《かくだい》読書器を使えば新聞や本だけでなく、預金《よきん》通帳や請求書《せいきゅうしょ》、薬の説明書、手紙、パソコンソフトの取《と》り扱《あつか》い説明書、びんや缶《かん》の表示《ひょうじ》も読むことができます。手紙や役所の申請《しんせい》書類、申《もう》し込《こ》み書を書いたり、針《はり》に糸を通したりすることのほか、印鑑《いんかん》の上下を確《たし》かめて枠内《わくない》に押《お》すこともだいじょうぶ。ビデオカメラを取りはずしできるタイプを使えば、顔の傷《きず》を確《たし》かめて薬を塗《ぬ》ることだってできます。指にけがをして、血が出ているかどうか確かめたいときにも大活躍《だいかつやく》してくれます。ティッシュペーパーの上に指を置いて、拡大《かくだい》読書器の白黒反転機能《きのう》を使います。もし血が出ていれば、くっきりと「白く」浮《う》かび上《あ》がってくるはずです。

カメラを取りはずしできるタイプでは、庭の立ち木に止まった鳥を見ることすらできるのです。森田さんは最近、ビデオカメラをパソコン画面に向けて、拡大《かくだい》読書器を通じてインターネットショッピングを楽しんだり、だれの助けも借りずにパソコンに新しいソフトをセットしたりしています。

見えにくい人の生活を豊《ゆた》かにしてくれるのは、なにも拡大《かくだい》読書器などの、障害《しょうがい》のある人専用《せんよう》の福祉《ふくし》機器だけではありません。

森田さんはパソコン上の文字を声で読み上げてくれるソフトもよく使います。最近はインターネットを使って無料で世界中に電話をかけることのできる「スカイプ」というソフトを利用して、遠く離《はな》れた人と話したり、多くの人との出会いをサポートしてくれるサイトを閲覧《えつらん》したりして、人間関係の輪を広げています。

最近のデジタルカメラやビデオカメラには、すぐれたズーム機能《きのう》が付いています。こうした機器だって、外を歩いていて店の看板《かんばん》を探したりするときに、目の見えにくさをカバーしてくれるのです。

このように、固定観念《かんねん》にとらわれないところが森田さんならではといえます。「見やすくするために使えるものは、どんどん使って生活をよくしていけばいい」

生きることに価値《かち》があるのか？三年間、閉《と》じこもる

柿《かき》の葉寿司《はずし》を食べながら、森田さんの目が悪くなったころのことについて聞きました。

森田さんの視力《しりょく》が急激《きゅうげき》に落ちたのは、大阪《おおさか》でオフィスコンピュータのシステムを販売《はんばい》する会社に勤務《きんむ》していた四十六歳《さい》のころです。よく物にぶつかったり、書類が見えにくくなってきたりするようになり、眼鏡《めがね》店に行きました。ところが視力《しりょく》を改善《かいぜん》できるレンズは見つからず、店の人は深刻《しんこく》な表情《ひょうじょう》をかくしませんでした。不安を感じて大学病院に行くと、「網膜色素変性症《もうまくしきそへんせいしょう》」と診断《しんだん》されました。医師《いし》からは「今の医学では、視力《しりょく》の低下や視野《しや》が狭《せま》くなることを止めることはできない」と告げられました。

それでも会社を首になるわけにはいきませんから、ひたすら自分の目の状態《じょうたい》をかくしてがんばり通しました。書類を読むために文房具店《ぶんぼうぐてん》で虫眼鏡《むしめがね》を買い、トイレや倉庫でこっそり使っていました。しかし、視力《しりょく》はどんどん下がる一方です。ついに書くことも、会議で資料《しりょう》を読むこともできなくなってしまいました。通勤途中《つうきんとちゅう》、なにかに激突《げきとつ》し、そのまま倒《たお》れこみました。

「もはやこれまでだ」

会社を辞《や》めることを決め、自宅《じたく》に閉《と》じこもりました。読書が大好きだったのに、「もう読むことも書くこともできない」と感じ、うちひしがれました。なによりもつらかったのは、この目の状態《じょうたい》では、職業《しょくぎょう》安定所に通っても新しい仕事が見つからないことでした。これでは家族を養《やしな》うこともできません。自宅《じたく》のローンもかかえ、「このままでは生活が破綻《はたん》してしまう」と思いつめました。最初の一年は「保険金《ほけんきん》を残して、どうやったら楽に死ねるか」ということばかりを考えていました。そのあとの二年間は「生きることになんの意味や価値《かち》があるのか」と答のない問いに向かい合いながら、ただ惰性《だせい》で過《す》ごす日々が続いていたといいます。

ルーペで見たカタログの中に……そして、取りもどした自信

拡大《かくだい》読書器との出会いは、自分と同じ難病患者《なんびょうかんじゃ》の会から定期的に送られてくる会報《かいほう》を偶然《ぐうぜん》に開いたのがきっかけでした。その当時持っていたルーペでも、大きな文字だけはなんとか読むことができました。大阪《おおさか》で福祉機器展《ふくしききてん》が開かれるというお知らせが同封《どうふう》

されているのを見つけました。「一人では歩いて行けない」と思い、お母さんに付《つ》き添《そ》ってもらって、三年ぶりに大阪《おおさか》に出ました。今持っている物よりもよく見えるルーペを探《さが》しました。そのときは、広い会場に拡大《かくだい》読書器が置いてあることにも気づきませんでした。仕事もなく、わずかな蓄《たくわ》えなどだけで暮《く》らしていたため、高価《こうか》な製品《せいひん》が買えるとも思っていませんでした。

高倍率《こうばいりつ》のルーペだけを買い、大量に持ち帰った福祉《ふくし》機器のカタログを読んでみました。その中に拡大《かくだい》読書器のカタログもまぎれこんでいました。説明を読んで息をのみました。

「こんな器械があるのか。これがあれば、読むことも仕事もできるじゃないか」

にわかに生きる希望がわいてきました。目の不自由な人たちが生活するうえで最低限《さいていげん》必要な機器として、国が給付する制度《せいど》の対象になっていることも知りました。さっそく自分に合った機種を選んで、購入《こうにゅう》の手続きをしました。急に視力《しりょく》が低くなってから、じつに三年の月日がたっていました。

拡大《かくだい》読書器が家に送られてきたのは、忘《わす》れもしない一九九七年九月のことです。まったくあきらめていた読書を完全に復活《ふっかつ》させることができたのです。拡大《かくだい》読書器で最初に読んだのは、俵万智《たわらまち》の歌集『チョコレート革命《かくめい》』でした。しばらくは読むことに没頭《ぼっとう》し、読めることの喜びに浸《ひた》り切《き》りました。そして、「できない」と思いこんでいた書くことも、やってみると意外なほどかんたんにできました。

読書器の使い方について、だれかにくわしく教わったわけではありません。自分なりにくふうを重ね、どんどん楽な使い方を見つけ出していきました。

「目が悪くなっても、できることはけっこうあるじゃないか」

拡大《かくだい》読書器はただ単に「物を拡大《かくだい》して見るための器械」というだけではなく、新しい世界に向けた扉《とびら》を開いてくれました。これまで暗いトンネルの中に閉《と》じこもっていたのが、まるでうそのようです。くふうすればたいていのことはできる。母の助けなしで外に出かけてみました。物にぶつかっても平気なように、ひさし付きの帽子《ぼうし》をかぶり、まぶしさを遮断《しゃだん》するサングラスをかけ、白い杖《つえ》を持って「ふつうに」歩けるようになりました。一人で電車にも乗れますし、買い物したり預金《よきん》を下ろしたりもできます。目的の場所がわからなければ、人に聞きさえすればよいのです。

「やってみればできる」。森田さんはすっかり自信を取りもどしました。気持ちに余裕《よゆう》が出てくると同時に、ふと思いました。「自分は拡大《かくだい》読書器にたどり着くまでに三年間も閉《と》じこもった。自分と同じ立場になったほかの人たちも、いろいろなことを知らないまま、ふさぎこんでいるのではないか」と。

今の世の中で、自分のように人生の途中《とちゅう》で突然《とつぜん》目が見えにくくなった人が置かれる現《げん》実《じつ》とはなんだろう。森田さんは思い返してみました。

まず病院で「あなたは目が悪い」と診断《しんだん》されます。医者の役目は診断《しんだん》したり病気を治《なお》すことですから、病院では「見やすく」するためにどんな道具があるのかまではわかりません。次に福祉《ふくし》施設《しせつ》や眼鏡店《めがねてん》に回されますが、じっくりと患者《かんじゃ》の話も聞かずに「なにを使っても見えませんね。あなたにはもう点字しか残っていません」と〝宣告《せんこく》〟される人さえいます。「見え方」はさまざまです。拡大《かくだい》読書器などの道具をうまくくふうして使えば、ほんとうは「見える」人も多いはずなのに、「見え方」をていねいに調べてくれる役割《やくわり》の人も少ないのが実態《じったい》です。

見るための補助《ほじょ》用具にはどんなものがあって、どんな福祉《ふくし》の制度《せいど》が利用できるのか。病院や福祉施設《ふくししせつ》、役所などのあいだにきちんとした連携《れんけい》がないために、こうした大切なことすら説明されていないのです。多くの人たちは、ただ絶望《ぜつぼう》だけをあたえられているのではないだろうか。このことに気づくと、怒《いか》りがふつふつとわき上がってきました。

そして森田さんは立ち上がります。「多くの人に読み書きできる喜びを伝えたい。自分と同じ立場の人たちに、拡大《かくだい》読書器やさまざまな役に立つ情報《じょうほう》や道具のことを知ってほしい」。同じ年の十一月に自宅《じたく》に非営利《ひえいり》で「私設拡大《しせつかくだい》読書器展示《てんじ》ルーム」をオープンしました。最初は、拡大《かくだい》読書器一台とルーペ二個だけでのスタートでした。

病院へ「出前」ボランティアを開始

展示《てんじ》ルームを開いても、待っているだけでは人は来てくれません。そこで森田さんは、

「出前」を考えました。自分が通っている京都《きょうと》大学付属《ふぞく》病院の担当医《たんとうい》に、病院で情報提供《じょうほうていきょう》をさせてくださいとお願いしました。担当医《たんとうい》は、自分の診察室《しんさつしつ》の奥《おく》に、森田さんによる相談コーナーを用意しました。そして翌年《よくねん》の一九九八年四月から毎週「ロービジョンケア」がスタートしたのです。

ロービジョンとは、視力《しりょく》が低かったり視野《しや》が狭《せま》かったりして日常《にちじょう》生活が困難《こんなん》な状態《じょうたい》をさします。担当医《たんとうい》は日々の診療《しんりょう》を通じて、こうした人に対するていねいな支援《しえん》が必要だと強く感じていたため、森田さんの願いを、ともに協力していこうと受け入れてくれたのです。患者《かんじゃ》本人が同じ立場の人の相談に応《おう》じるという、画期的《かっきてき》な試みでした。

一人の患者《かんじゃ》に最低二時間をかけてじっくり話を聞きます。患者《かんじゃ》がどのような目の状態《じょうたい》なのかをていねいに調べたうえで、その人の見え方や、拡大《かくだい》読書器・ルーペの使い方を説明します。どのような行政《ぎょうせい》の制度《せいど》があるのかといった情報《じょうほう》も紹介《しょうかい》します。完全なボランティアで、拡大《かくだい》読書器やルーペなど、必要な機材もすべて自前です。機器類はメーカーに交渉《こうしょう》して借りました。患者《かんじゃ》の話を聞いてその目の状態《じょうたい》を理解《りかい》すること、そして患《かん》者《じゃ》に対してどうすれば見やすくなるのかを説明することにかけては、おそらく森田さんの右に出る人はいないでしょう。読書家であることや、サラリーマン時代の営業職《えいぎょうしょく》の経験《けいけん》も関係しているのかもしれません。

森田さんの地道な取り組みは、広い方面から評価《ひょうか》されました。京都《きょうと》大学だけではなく、京都《きょうと》府立医科大学、奈良《なら》県や名古屋《なごや》市の病院でも、同じようなロービジョンケアを受け持つことになりました。「毎日が日曜日」だった森田さんにとって、急に忙《いそが》しい人生が始まり、世界が広がりました。

福祉《ふくし》や教育、医療《いりょう》関係の団体、個人の患者《かんじゃ》から講演《こうえん》や相談のためによばれる機会も増《ふ》え、今では全国各地を訪《たず》ねる日々です。視覚障害者《しかくしょうがいしゃ》向けのラジオ放送である日本福《ふく》祉《し》放送の番組のレギュラーを、一年以上担当《たんとう》したこともあります。いろいろな種類の拡《かく》大《だい》読書器を実際《じっさい》に試《ため》したいという患者《かんじゃ》は、森田さんの自宅《じたく》の展示《てんじ》ルームを訪《おとず》れます。気づいてみれば、十年近くで病院を中心に、およそ千六百人の相談に乗っていました。

同じ立場の人に生きる元気を配って歩く

森田さんはこれまでに、いろいろな患者《かんじゃ》に出会いました。

五センチ前にある指の本数を数えるのがやっとの人でも、拡大《かくだい》読書器で文字が見えました。

「人の顔が正面から見えない」という人に、相手の人に向かい合って立ってもらい「右ほおの外側を見てください」とお願いすると、見えました。

まだ十分に見える状態《じょうたい》なのに医者から「もう見えない」と告げられ、落ちこんでいた人がいました。しかしルーペを使えば十分に読めました。楽に仕事に復帰《ふっき》できました。

視野《しや》が複雑《ふくざつ》で、通りすぎる車が見えては消え、また見えるような「見え方」の人もいました。

「専門家《せんもんか》とよばれる人の言うことをそのまま信じないで。自分の目の状態《じょうたい》をしっかり知り、自分でいろんなことを調べ、試《ため》してみることが大切ですよ」
会った患者《かんじゃ》にはこうアドバイスすることにしています。森田さんによると、視野《しや》の問題を別にすれば、○・○一以上の視力《しりょく》があれば、ほとんどの人は読み書きができるということです。いろいろな目の症状《しょうじょう》をもっている森田さんだからこそわかることは多いのです。拡大《かくだい》読書器の存在《そんざい》を知って喜ぶ人よりも「どこからも、だれからもそんな情報《じょうほう》は聞いていない。こんなに楽に新聞が読めるじゃないか」と怒《おこ》る人が多いそうです。

森田さんは、だれからも報酬《ほうしゅう》を受け取らないボランティアという立場を、けっして変えようとしません。どんな人とも対等な立場で接《せっ》したいと考えているからです。そしてなによりも患者《かんじゃ》の立場を最優先《さいゆうせん》し、福祉《ふくし》機器の業者や医者、福祉施設《ふくししせつ》、行政《ぎょうせい》とは離《はな》れた場所から意見が言いたいからです。「おかしい」と思ったら、相手が医療機関《いりょうきかん》でも役所でも批判《ひはん》します。患者《かんじゃ》から相談を受け、必要があると思えば、高知《こうち》でも鹿児島《かごしま》でも飛んでいきます。

そんな森田さんの目の症状《しょうじょう》は、今も確実《かくじつ》に進んでいます。「寿命《じゅみょう》が先か、失明《しつめい》するのが先かと競争《きょうそう》している。今の目の状態《じょうたい》がもっといいことになるからこそ、今を楽しまないと損《そん》だと思ってきた」と笑《わら》います。急激《きゅうげき》に視力《しりょく》が下がったころは「あと半年か一年で見えなくなる」と思っていました。ですから、十年後にこれだけ読み書きなどができるとは、夢《ゆめ》にも思っていませんでした。そして目が悪くなってから、こんな新しい人生が待っているとも想像《そうぞう》できませんでした。

わたしは森田さんに別《わか》れを告げてから気づきました。森田さんは自分と同じ立場の人に、ただ単に拡大《かくだい》読書器の使い方を説明しているのではなく、「生きる元気」を配って歩いているのではないだろうか、と。

おだやかな口調の森田さんですが、その言葉のはしばしからは、かんたんに権力《けんりょく》や権《けん》威《い》にしたがわない「反骨精神《はんこつせいしん》」がにじみ出ています。ものごとをかんたんに信じこまないで、自分で考えて試《ため》してみることは大切です。自分の考えをしっかりもって前向きに生きることで、難《むずか》しい局面が開かれることもあります。森田さんは、人が社会とつながりをもち、誇《ほこ》りをもって暮らしていくために必要な態度《たいど》を教えてくれています。三年間も閉《と》じこもり、死まで考えた森田さんの言葉には、重みがあります。

「これだけ視力《しりょく》があれば読めますよ」はじめは「ばかにしないで」と……

京都府《きょうと》に住む女性《じょせい》も、森田さんのロービジョンケアを通じて元気を取りもどした一人です。

「わたしは医者でも、医学的な資格《しかく》をもった者でもありません。ボランティアで来させてもらっている森田です。同じ視覚障害者《しかくしょうがいしゃ》です」

京都府《きょうと》にある中学・高校で家庭科の先生をしていた能島郁子《のじまいくこ》さんは、はじめて会った森田さんがおだやかにあいさつしたのを忘《わす》れません。糖尿病《とうにょうびょう》による目の病気のため、わずか半月で急激《きゅうげき》に視力《しりょく》が下がりました。まさか自分がこういう状態《じょうたい》になるとは思ってもいなかった能島さんは、あまりの急な事態《じたい》に対して「あわてふためいている余裕《よゆう》すらなかった」と言います。

森田さんと出会ったのはその年の暮《く》れでした。京都《きょうと》府立医科大学病院で手術《しゅじゅつ》や入退院《にゅうたいいん》をくり返していたころです。右の視力《しりょく》はなく、左は〇・〇二で、血のかたまりが目の前にあって、視野《しや》はL《エル》字型にしか見えない状態でした。「こんなものは『視力《しりょく》』ではない」と思っていました。

それなのに、森田さんは目の状態《じょうたい》を聞くなりこう言いました。「〇・〇二ですか。これだけの視力《しりょく》があれば、読めるし書けますよ」

能島さんはびっくりして「ばかにしないで。この人はほんとうにわかっているの」という気持ちでいっぱいになりました。しかし、間髪《かんぱつ》をいれずに森田さんは「それでも見えていたころと同じように読めるし、書けますよ」と言いました。衝撃《しょうげき》を受けました。森田さんほど見えにくい人に会うのははじめてだったこともあって、能島さんは「この人の話を聞こう」という気持ちになりました。

能島さんは書くことが好きで、「自分だけの言葉を自分の文字で伝えること」を、なによりも大切にしてきました。ワープロやパソコンではなく、手で書くことにこだわりがありました。ですから、視力《しりょく》が下がり、書くことがおぼつかなくなってからは「抹殺《まっさつ》されるかのような寂《さび》しさ」を感じました。「書く」という自分の心を伝える手段《しゅだん》を失うことで、生きていく力すら奪《うば》われるような気がしました。ほんとうは書きたい。だけど、書きたいと願ってはいけない。そうやって自分の気持ちに鍵《かぎ》をかけていました。

森田さんがこともなげに話すのを聞いていると、ぽろぽろと涙《なみだ》がこぼれてきました。

「これから生きていけますよ」と言われたような気さえしました。まるで神様に出会ったように感じました。

森田さんは名刺《めいし》を差し出しました。黒い紙に白いゴシック体の文字で大きく名前が書いてある、例の名刺《めいし》です。それを拡大《かくだい》読書器に映《うつ》してくれました。

「田」が読めました。

それは数か月ぶりに見る文字でした。「森」と「樹」は、手術《しゅじゅつ》を終えたばかりで目が疲《つか》れていたために、見えませんでした。それでも、小さな子どもが飛《と》び跳《は》ねるような感動が全身を貫《つらぬ》きました。

森田さんは「こうやって書くんですよ」と小さなマス目に、実際《じっさい》に書いて見せてくれました。字が書けなくなったことを思い出さないようにかけていた鍵《かぎ》があいたかのように、「私は生き返った」と思いました。

自分の手で手紙が書けたマフラーも編《あ》めた、生け花もできた

入院中「見えなくなっても社会とつながっていたい。ひきこもらないようにしたい」と話していた能島《のじま》さん。それを聞いた看護師《かんごし》の勧《すす》めもあって、森田さんの「ロービジョンケア」を受けることになったのです。しかしロービジョンケアがなにをするのかも知りませんでした。業者が便利な道具を説明するぐらいに思っていて、むしろはじめは乗り気ではなかったのです。病棟《びょうとう》にもどるなり看護師《かんごし》に「もっと多くの人がロービジョンケアを受けられるように勧《すす》めてほしい」と伝えました。

年が明けても目の調子は思わしくなく、光を失う不安すらありました。能島さんは『心

の遺書《いしょ》』を書いておきたい」と痛烈《つうれつ》に願うようになりました。「今なら書ける。まったく見えなくなる前に、無理をしてでも自分の字で書いておきたい。今の自分の思いをどうしても伝えたい」と。森田さんに拡大《かくだい》読書器を借りる手配を頼《たの》み、二人の子どもや、自分がこういう状態《じょうたい》になっても変わらず声をかけてくれる友人、親戚《しんせき》に手紙を書きました。森田さんあてにも書き、全部で八通、感謝《かんしゃ》の気持ちや「これからも生きていける」という思いをこめて書きました。

書いているうちに、こみ上げてくるものを抑《おさ》えられなくなり、たった一文字書くのに四十分もかかりました。一文字書くたびに体がわなわなと震《ふる》え、涙《なみだ》が止まりませんでした。画面に映《うつ》し出《だ》された文字がいとおしく感じられました。そうやって「新しい命を、どくどく血が流れる勢《いきお》いをいっぱい詰《つ》めこんで封《ふう》をして」送りました。拡大《かくだい》読書器を返す約束《やくそく》は、一週間延《の》ばしてもらいました。

退院《たいいん》してしばらくたってから、森田さんの展示《てんじ》ルームでていねいなアドバイスを受けながら、目的に合った拡大《かくだい》読書器をじっくり選んで、購入《こうにゅう》しました。

その後、左の視力《しりょく》は〇・〇四までに回復《かいふく》しましたが、右は見えないままです。

家庭科の先生だった能島さんは、こんなふうに拡大《かくだい》読書器を使っています。まず編《あ》み物《もの》です。「自分の手が生み出すものを残したい」と思い、幼《おさな》い女の子の孫《まご》たちのためにマフラーを編《あ》むことにしたのです。これまで自分が孫《まご》たちの手を引いてあげていましたが、今は逆《ぎゃく》に、見えにくくなった自分の手を引いてくれます。その感謝《かんしゃ》の気持ちもこめて。はじめは編《あ》み棒《ぼう》に毛糸を引っかけるのに苦労《くろう》しましたが、要領《ようりょう》を思い出すと見えていたときと同じようにうまく編《あ》めるようになりました。一本目は一か月かかりましたが、二本目はあっという間に完成し、孫《まご》たちの誕生日《たんじょうび》に間に合いました。

マフラーを孫《まご》たちが着けてくれたときに思いました。「やればできるんだ」。一つのことができると、さらに新しいことに挑戦《ちょうせん》しようという前向きな気持ちにつながります。能島さんにとってそれは、先生だったころに教えていた生け花でした。拡大《かくだい》読書器のビデオカメラを取りはずせば、花を映《うつ》して位置や形を確《たし》かめることができます。

目が見えにくくなってから、まったくあきらめていたことがけっこうできるのです。

自分の人生を元にもどしてくれた拡大読書器《かくだいどくしょき》。能島さんは今「読書器が私の命を起こしてくれた。私のすべての支《ささ》え」のような気さえしています。

先生だったころ、生徒《せいと》たちにいつも「だれでも自分の知らない可能性《かのうせい》がある。かんたんに可能性《かのうせい》がないとは思わないで、一生かけて探《さが》して」と言い続けてきました。自分が森田さんとの出会いを通じて「救《すく》われた」ことをいろんな人に伝えていくことが、新たな人生の目標になりました。高齢化《こうれいか》が進みストレスが多い社会では、能島さんのように病気で目が見えにくくなる人は昔《むかし》よりも増《ふ》えています。「目の前に突然降《とつぜんふ》ってわいた状況《じょうきょう》に置かれる人はわたしだけでないだろう。医療《いりょう》関係者や、同じような立場の人、健常者《けんじょうしゃ》にも、自分の体験《たいけん》を自分の言葉で伝えることができないか。それが森田さんへの恩返《おんがえ》しにつながるのではないか」と思ったからです。

全盲《ぜんもう》の人と比《くら》べると、弱視《じゃくし》の人のかかえる問題は見すごされがちです。人生の途中《とちゅう》で目が見えにくくなって、読むことも書くことも「もうだめだ」とあきらめている人たち。

そんな人たちに拡大《かくだい》読書器で「読み書きができる」ことといっしょに「人生をあきらめないで」というメッセージを伝えている森田さん。千六百人と出会った森田さんが蒔《ま》いた千六百の「元気の種」は、全国のいろんな場所で芽が出つつあるのではないでしょうか。花が開いて、またその種が広がっていくことを、願わずにはいられません。

「がんばれ」だけでは助けにならない

あるディスレクシアの先生の
半生《はんせい》から

タトレ＝ノイテく

これ、なんだと思いますか？　暗号ではありません。かんたんな日本語の文章なのですが。

わかりませんか？　では、ヒントです。一文字ずつをちょっと近づけてみるとわかるかもしれません。すると、小学校二年生で習う漢字が二文字出てきます。答は、この章の中に出てきますが、この先を読んでいくと、なぜわたしがこんな問題を出したのか、わかってもらえると思います。

文字を読むのがたいへん苦手「ディスレクシア」という学習障害《しょうがい》

わたしたちの日常生活《にちじょう》では、好むと好まざるとにかかわらず、次々と文字の情報《じょうほう》が目に飛びこんできます。この日本で、文字のない生活は考えられません。ところが、ふつうに言葉は話せるし、視力《しりょく》もあるのに、文字を読むことがたいへん苦手だという特性《とくせい》のある人たちがいます。「えー、ほんとに?」と思う人もいるかもしれません。

このような症状《しょうじょう》を「ディスレクシア（dyslexia）」とよびます。「ディスレクシア」とは、ギリシャ語で「読みができない」という意味です。

ディスレクシアは、「学習障害《しょうがい》」（LD《エルディー》）の一つです。学習障害《しょうがい》とは、基本的《きほんてき》には知的発達に遅《おく》れはないのに、「読む」「聞く」「話す」「書く」「計算する」または「推理《すいり》する」能力《のうりょく》のうち、特定のものの習得《しゅうとく》と使用がたいへん難《むずか》しい状態《じょうたい》をいいます。日本では、学習障害《しょうがい》の児童《じどう》・生徒《せいと》は、全体の四・五パーセントいるという調査《ちょうさ》結果があります。つまり、四十人学級なら一人か二人、学習障害《しょうがい》の子どもがいるという計算になります。

ディスレクシアは、周囲の人たちに気づかれにくいために、その苦しみも理解《りかい》されにくいのが特徴《とくちょう》です。ディスレクシアの人の目には、世の中はどのように写っているのでしょうか。ある人は、このように言っています。

まず朝起きると配達されている新聞は、縦書《たてが》きなので苦手です。テレビ欄《らん》は横書きなので少しだけ読みやすいです。テレビを見ていて、画面に「旧西《きゅう》ドイツ」とテロップが出たときは「1日西ドイツ」と読んでしまいました。

まちに出ます。「いくら」「かつお」などの寿司屋《すしや》のお品書きや、駅名が縦《たて》にひらがなで書かれたプレートは読みにくいです。ファストフード店で注文するときは、たいてい文字のメニューではなく、写真を見てセットメニューを選びます。図書館に行って「バイアグラ」の本があると思ったら「パラグアイ」の本だったりします。小説は、主人公の気持ちが理解《りかい》できるほどすらすらと読むことはできないため、読みません。

長い文章を読まなければならないときは、目の不自由な人たちのために、入力した文字を合成音声で読み上げるパソコンのソフトがあるので、これを使って耳で聞きます。

熱心な先生、家では頼《たよ》れる夫であり父親。じつは……

わたしにこの話をしてくれたのは、岐阜《ぎふ》県の特別支援《しえん》学校に勤《つと》める神山忠《こうやまただし》先生です。

神山先生は一九六五年生まれ。人なつっこい笑顔《えがお》を絶《た》やすことがない、温厚《おんこう》でひかえめな第一印象《いんしょう》です。でも、その素顔《すがお》は、いつも生徒と正面から向き合おうとする熱心な先生です。

非行に走ってしまいそうな子、不登校の子、気持ちを外に発信するのが苦手な子、神《しん》経衰弱《けいすいじゃく》ゲームにかけてはだれにも負けないけれど、計算することに難《むずか》しさをかかえる子、縦書《たてが》きで書かれた文章がとても読みづらい子……。これまで中学校や養護《ようご》学校で、さまざまな「特性《とくせい》」をもった子どもとかかわってきました。そんな子どもたちに「あきらめないことの大切さ」を教えたいと、ホノルルマラソンに出場したり、無賃《むちん》乗車して遠くまで行ってしまった子を見つけ出して連れもどしたりと、そんなエピソードは数知れません。保護者《ほごしゃ》からも「芯《しん》がしっかりして熱いものをもっている」「子どもの目線で考えてくれる」としたわれています。

神山先生は、家に帰れば頼《たよ》れる夫であり父親で、二人の子どもの子育てにも忙《いそが》しい毎日です。家族のために自宅《じたく》や駐車場《ちゅうしゃじょう》を自分で設計《せっけい》し、知り合いといっしょに建築《けんちく》もしました。もともと機械を組み立てたり、パソコンのプログラムを解読《かいどく》したりすることが得意です。ストップウォッチをパソコン上に映《うつ》し出《だ》せるようにするなど、ちょっとしたソフトなら自分でつくってしまいます。

じつは、さきほどの「縦書《たてが》きの新聞などは苦手」「長い文章を読むときは読み上げソフトを使う」といったことは、この神山先生自身の特性《とくせい》なのです。みなさんは「そんな立派《りっぱ》な先生に、ほんとうに障害《しょうがい》なんてあるの？」と思うかもしれませんね。そこでまず、神山先生のことを、くわしく話していきましょう。

文字を「読む」というより「見る」ことでイメージ

ディスレクシアの神山《こうやま》先生にとって、文章とはどのようなものなのでしょうか。

たとえばこんな文章があったとします。

「今日は天気がいいので外で体育をします」

神山先生はこれを「きょうはてんきがいいのでそとでたいいくをします」と、自分の声に出して読むことまではできます。ところが、肝心《かんじん》の意味がすぐに頭に入ってこないのです。

神山先生は文章を読むときにこんな状態《じょうたい》になっています。つまり、まず文字を目で追うことに全神経《ぜんしんけい》を集中させ、それに加えて目で追った文字を声に出すことに必死になっていて、頭の中でどういう意味なのかをイメージすることが不可能《ふかのう》なのです。何度も読んで文章を丸暗記し、目で追わなくてもよくなってから、ようやく頭の中で意味をイメージできるようになるのです。

みなさんは「なぜ、目で追った文字の意味がすぐに頭に入らないの」とふしぎに思うかもしれません。しかし、声で聞く言葉はふつうに理解《りかい》できるのです。これが神山先生のもって生まれた特性《とくせい》なのです。

神山《こうやま》先生にとっては、小学校の教科書もじつに読みにくいのです。すでに習った漢字とひらがなが混《ま》ぜて書かれている熟語《じゅくご》は苦手だからです。「ど力」（努力）は「ドカ」、「えん足」（遠足）は「えんあし」、「相だん」（相談）は「あいだん」と読みまちがえやすいのです。かえって「努力」「遠足」「相談」と書いてあったほうが、意味のかたまりとしてつかみやすいのです。

つまり、神山先生は言葉を「音の組み合わせ」としてではなく、「意味のかたまり」としてとらえています。「下駄《げた》」を「げた」と読めなくても下駄《げた》の映像《えいぞう》をイメージできる。そんな「読み方」です。つまり、「読む」というより「見る」ことで言葉の意味をイメージしています。こうしたイメージをできるだけたくさん集めてきて、それらを組み立てるようにして、文章全体の意味をなんとかつかもうとしています。

「外に行く」が答。
神山《こうやま》先生にはこんなふうに見える

ここで、この章のはじめに出した「問題」（114ページ）の答です。

神山先生には「外に行く」がこんなふうに見えたりするのです。

「外」を分解《ぶんかい》すると「タ」と「ト」に、「に」は「レ」と「ニ」となりますよね。「ノ」

と「イ」(にんべん)は二つ合わせると「彳」(ぎょうにんべん)になり、「テ」は「行」のつくりの部分です。これで納得《なっとく》してもらえたでしょうか。神山先生には、どの部分とどの部分が文字のかたまりなのかが、読み取りにくいのです。

また、似《に》たような形の字の区別や、文字の並《なら》び方が少しずつちがう言葉の区別も難《むずか》しいのです。神山先生が、よくまちがえる例をあげます。

中田さん↓田中さん　　　はえる↓ほえる
うこん↓うんこ　　　こんど↓いんど
バンガロー↓ガンバロー　　　くび↓へび
うまれた↓ふまれた　　　さびる↓ちびる
あらう↓わらう

神山先生にとっては、ひらがなだらけよりも、漢字やカタカナ、ひらがなが混《ま》じった文章のほうが読みやすいそうです。ひらがなだらけでは、意味のかたまりがつかみにくいからです。たとえば、こんな文章を見てください。

「あるみかんのうえにあるみかんをもっていって」

これは、ふつうに文字を読むことができる人にとっても難《むずか》しい文章です。なぜなら「アルミ缶《かん》の上にある蜜柑《みかん》を持って行って」とも「アルミ缶の上にアルミ缶を持って行って」とも読めるからです。意味のかたまりで区切って、「アルミ缶《かん》」「蜜柑《みかん》」と書かれていれば、全体の文の意味がもっと理解《りかい》しやすくなりますね。

言葉を斜線《しゃせん》で区切ったり「秘密兵器《ひみつへいき》」で読みやすく

神山《こうやま》先生は、自分にとって読みづらい文章を少しでも読みやすくしようと、いろいろとくふうしてきました。それを紹介《しょうかい》する前に、次の〝文〟を見てください。

Thisisapen.

ぱっと見ただけでは「どこの国の言葉だろう」と思いますよね。では、これではどうでしょう。

This is a pen.

このように横書きにして単語ごとにきちんと離《はな》して書かれていれば、英語を勉強した人には理解《りかい》できますね。

日本語であっても、英語と同じように単語と単語の間を離《はな》す「分かち書き」になっていれば、神山先生にとっても、かなり読みやすくなるのです。

「きょう は てんき が いい ので そと で たいいく を します」

こんな具合です。

さきほど説明したように、神山先生は「きょう」という文字を意味のかたまりとしてとらえています。経験《けいけん》から、「きょう」というかたちは、昨日でも明日でもない「今日」という意味であるとイメージできるのです。

パソコンやワープロの文章であれば、スペースキーを押《お》すだけで「分かち書き」にすることはできますが、本の場合は無理です。そこで、次のように赤ペンで斜線《しゃせん》を入れて区切っています。黒い文字とちがう色の赤ペンを使うのは、斜線《しゃせん》が印なのか文字なのかを区別するためです。

「きょう／は／てんき／が／いい／ので／そと／で／たいいく／を／します」

文章が一行で終われればまだよいのですが、長文の場合は、ほんとうにお手上げです。それも、行と行とのすき間がほとんどない場合だと、なおさらです。必死になって目で追っていかないと、すぐに別の行に目が飛んでいってしまうからです。また、目で追うことばかりに注意がいってしまうと、今度は意味の「かたまり」をイメージすることに気が回らなくなってしまいます。

こんなときに、神山先生は自分で作った〝秘密兵器《ひみつへいき》〟を使います。厚紙《あつがみ》に、幅《はば》一センチメートル、長さが十五センチメートルほどの、横長の長方形のあなをあけます。それを本に当ててやれば、一行分だけが浮《う》かび上《あ》がります。あなの幅《はば》は、細いもの、太いもの、何種類かつくっておき、その本の行の幅《はば》に合わせて選びます。緊急《きんきゅう》の場合は、代わりに定規《じょうぎ》を行の下に当てることもあります。

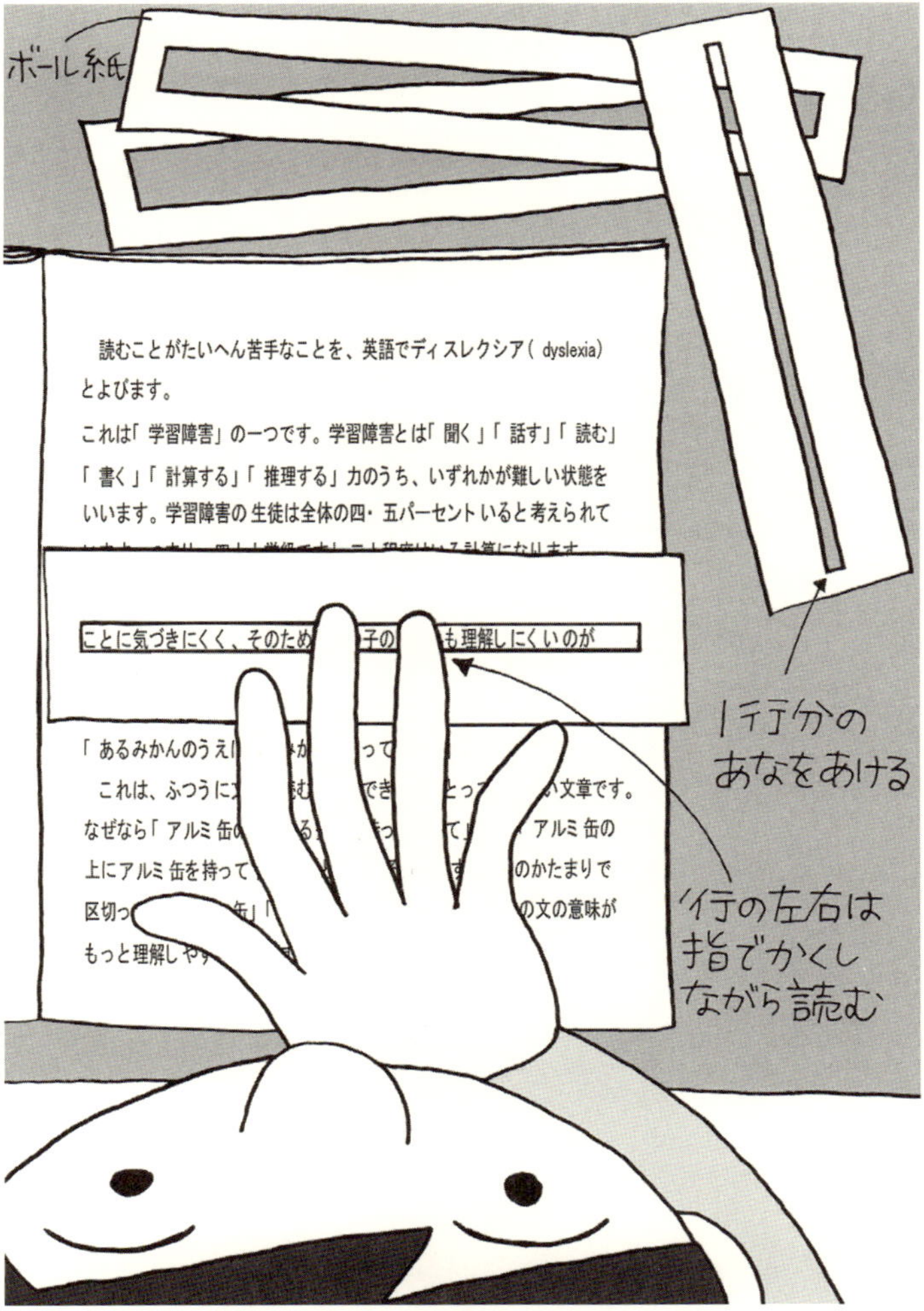

ボール紙
読むことがたいへん苦手なことを、英語でディスレクシア（dyslexia）とよびます。
これは「学習障害」の一つです。学習障害とは「聞く」「話す」「読む」「書く」「計算する」「推理する」力のうち、いずれかが難しい状態をいいます。学習障害の生徒は全体の四・五パーセントいると考えられて
ことに気づきにくく、そのため　子の　も理解しにくいのが
1行分のあなをあける
行の左右は指でかくしながら読む

トム・クルーズもディスレクシアを告白したけれど

神山先生は、このように時間をかけてくふうをしながら文章を読んでいます。しかし事情《じじょう》をよく知らない人からすると、まさか神山先生が読むことに対してこれほどの難《むずか》しさをかかえていることに気づかないでしょう。文字の情報《じょうほう》だらけの世界が、神山先生の目にはこんなふうに見えているなんて想像《そうぞう》もできないでしょう。神山先生は聞くことや話すこと、計算すること、推理《すいり》することについては問題をかかえていないため、まわりの人は、神山先生が「まさか読めないはずはない」と勘《かん》ちがいしてしまうでしょうから。

ディスレクシアをめぐっては、アメリカの人気俳優《はいゆう》トム・クルーズが、自分自身こうした特性《とくせい》をもっていると告白したことをおぼえている人もいるかもしれません。そのおかげで、日本でもディスレクシアがにわかに知られるようになりました。じつは世界に目を向ければ、歴史的《れきしてき》にすぐれた業績《ぎょうせき》を残した有名人に、同じ障害《しょうがい》があったと思われる人は多いのです。たとえば、『人魚姫《ひめ》』などで知られるデンマークの童話《どうわ》作家、ハンス・クリスチャン・アンデルセンです。

日本でも最近になってようやく学習障害《しょうがい》の問題が注目されるようになり、学校ではこうした子どもの状態《じょうたい》に合った教育も始まっています。

しかし、神山先生の子ども時代はまるで状況《じょうきょう》がちがいました。いくら努力《どりょく》を重ねても読めないために、授業《じゅぎょう》や学校生活についていけない苦しみ。おまけに、周囲にはそのことを理解《りかい》してくれる人はいませんでした。そのために先生からひどく叱《しか》られたり、ほかの子どもたちにいじめられたりしました。

ここで、神山先生の半生《はんせい》をふり返ることにします。

先生にも友だちにも理解《りかい》してもらえなかった

神山《こうやま》先生は小学二年生の授業《じゅぎょう》中に、読書でつまずいたときのことを、おそらく一生忘《わす》れないでしょう。

授業《じゅぎょう》が始まってから四十分がたっています。四行目の上から三分の一ぐらいのところを一生懸命《いっしょうけんめい》、指で押《お》さえながら読んでいました。すると、うしろからのぞきこんだ先生が「神山くん、まだそんなところ」と言いました。それを聞いたまわりの子どもたちは「えーっ、うそでしょう」「おれなんか二回目なのに」とはやし立てました。指を離《はな》したら最後、どこを読んでいるのかわからなくなってしまいます。「絶対《ぜったい》に離《はな》さないぞ」と思いながら必死になって読んでいました。それなのに……。神山先生はやり切れない思いから、いつのまにか本から指を離《はな》していました。本の上にできた涙《なみだ》のプールの底で、文字はにじんで揺《ゆ》れました。プールの上に最後に大粒《おおつぶ》の涙《なみだ》が落ちると「もう文字なんて読まない。きらいだ」と決意しました。しばらくは文字を読むための努力《どりょく》をしませんでした。

神山先生は言います。「あのときに、もし先生から『ここまでだったけど、主人公の気持ちをかみしめながら読んだんだね』などと言ってもらえていれば、自分の人生は変わっていたかもしれない」と。この体験がすべての始まりでした。

休み時間に先生が黒板に「今日は天気がいいので外で体育をします」と書いても、その意味がわかりませんでした。読むことが苦手だっただけでなく、まだ意味を知らない言葉も多かったのですが、先生がなにを言おうとしているのかは、その場の雰囲気《ふんいき》で判断《はんだん》していました。

三年生になっても、先生の指示《しじ》や指導《しどう》の意味が理解《りかい》できないためによく失敗し、ほかの子にいじめられました。こんなこともありました。先生から「たいことばちをもってきて」と書いた紙のメモを渡《わた》されました。「たい（鯛）」「ことば（言葉）」「ち（血）」と区切って読んでしまい「鯛《たい》はどこにあるか？　言葉は？　血は？」と頭が混乱《こんらん》するうちに、授業《じゅぎょう》開始の合図が鳴ってしまいました。先生からは叱《しか》られました。

「新しい学年になった。気持ちも新たにがんばろう」と思っていた四年生の新学期のことです。班《はん》で回して読む「班《はん》ノート」があって、先生は「神山くんの班《はん》は、ひらがなで書いてあげて」と言いました。「がんばろう」と思った気持ちは、先生のたったひと言でぐしゃぐしゃになりました。その先生には、ひらがなばかりの文章よりも漢字やカタカナが混《ま》じったほうがわかりやすいということも、わかってもらえていなかったのです。少年の気持ちを踏《ふ》みにじるような言葉は、その心に深い傷《きず》を残しました。

朝起きたら目が縦《たて》に並《なら》んでいてほしいと願った

小学生のころ、先生からよく「目を見て話を聞きなさい」と言われました。しかし、かえって目を通して入ってくるさまざまな刺激《しげき》によって気が散《ち》ってしまい、相手が言っていることが理解《りかい》できなくなってしまうのです。叱《しか》られるからしかたなく先生の目を見ますが、よけいに言っていることが理解《りかい》できなくなります。すると今度は「なぜ言った通りにやらない」と叱《しか》られます。そんなこともあって、すっかり自信をなくし「自分はだめなんだ」と思うようになっていきました。

それでも授業《じゅぎょう》中、内容《ないよう》を理解《りかい》したいから、きょろきょろまわりを見ます。だれだって授業《じゅぎょう》を受けていて、その内容《ないよう》がわからないことほど、しんどいことはありませんよね。今、先生がなにをしているのかを教えてくれる子が近くにいなければ、離《はな》れた席の子のところに行って聞こうとします。すると「授業妨害《じゅぎょうぼうがい》」と叱《しか》られます。先生からは「クラスのがん」という言葉まで浴《あ》びせられました。いよいよ「気合い」を入れないと、廊《ろう》下《か》から教室に足を踏《ふ》み入《い》れることもできなくなってしまいました。

とくに縦《たて》書《が》きの文章を読むのが苦手だったため、小学校高学年から中学生にかけては、夜、寝《ね》る前に「朝起きたら目が縦《たて》に並《なら》んでいてほしい」と願っていました。読むことの難《むずか》しさをかかえていることに対する周囲の理解《りかい》のなさは、そんなことを考えさせるほど、少年を追いつめていったのです。

日記を書いてくるという宿題がありました。日記というものは一日のことを思い出さなければ書けません。「今日もようやく一日が終わった。失敗や叱《しか》られたことなど、早く忘《わす》れてしまいたい」と思っているときに、いやなことを思い出さなければなりません。思い出すことも書くこともつらく、結局、書くことができませんでした。

音読のテスト 頭にチョークで×印を書かれた

中学校に入っても、つらい日々は続きました。

国語の教科書を音読するテストが行われることになったので、前日、家で三時間も準《じゅん》備《び》しました。文章を単語ごとに区切り、赤ペンで「分かち書き」の印を付けるのに一時間半。読む練習にも一時間半かけました。ところが何度練習しても、すらすらとは読めませんでした。いらいらして「もう限界《げんかい》だ」と思ってやめました。

本番を迎《むか》えました。先生に指名され、みんなの前で、詰《つ》まりながら、おぼつかない読み方しかできませんでした。「やっぱりだめだった」とはずかしい思いをしました。「やっと座《すわ》れる」と思った矢先に、教卓《きょうたく》の前に呼ばれました。その先生はこう言ったのです。「なんでもっと練習してこない。こんなの、小学生でも読める文だ。十回練習してだめなら百回。百回練習してだめなら千回読んでこい。努力《どりょく》が足りん」

おそらく音読のテストのために、三時間も準備《じゅんび》した生徒《せいと》はいなかったはずです。それなのに先生から出てきたのは、努力不足《どりょくぶそく》をなじる言葉ばかりでした。そして、読めるようにしようと自分なりに一生懸命《いっしょうけんめい》考え、くふうして付けた教科書の赤ペンの印を見て、先生はまたどなりました。

「お前は大事な教科書を真っ赤にしている。大事にしないから勉強ができないんだ。粗末《そまつ》にするな」

教科書を取り上げられ、それで頭を「バーン」とたたかれました。教科書を大事にしていないのはどちらでしょうか。そのうえ、角刈《かくが》りの頭に、チョークでバツ印を付けられたのです。

「人間のくず」「できそこない」というひどい言葉でも責《せ》められました。中学生ともなると、クラスの中に気になる女の子もできます。その子が見ている前で。思春期《ししゅんき》の感受性《かんじゅせい》の強い心をどれほど傷《きず》つけることになったでしょうか。小学校以来のつらい経験《けいけん》で、ただでさえ自信を失っていた神山先生は、いつしかこんなことすら考えるようになってしまいました。

「生まれてくるんじゃなかった」

「恋愛《れんあい》するのもおこがましい人間なんだ。結婚《けっこん》もできるはずがない」

気がついてみれば、神山先生は暴《あば》れる子になっていました。先生にも暴力《ぼうりょく》をふるいました。「切れれば、馬鹿《ばか》にされない」。そんなことに「味をしめた」のです。

そして市内の公立高校に進学しました。毎年定員割《わ》れする学校で、なんとか入学できました。高校に入ると、非行《ひこう》の道にどっぷりと漬《つ》かりました。

その後、「人生を一からたたき直さなければ」と思っていたある日、自衛隊《じえいたい》のパンフレットを見つけたことが、神山先生の人生を大きく変えることになりました。高校を卒業《そつぎょう》すると同時に、陸上自衛隊《りくじょうじえいたい》に入りました。配属先《はいぞくさき》は、京都《きょうと》府宇治《うじ》市の駐屯地《ちゅうとんち》。一九八四年三月二十七日のことでした。

「目で見て盗《ぬす》め」文章のない世界で自信がつく

自衛隊《じえいたい》では、紙に書かれた文章による教育はわずかで、多くは口づてに教えられます。作戦や兵器に関することは、国を守るためにきわめて大切な情報《じょうほう》ですから、絶対《ぜったい》に秘密《ひみつ》にしておかなければなりません。そのためには、こうしたことが書かれた紙が残ってはならないのです。たとえば、銃《じゅう》を分解《ぶんかい》するやり方についても「目で見て盗《ぬす》め」という教育です。

文字中心だったこれまでの生活で、神山《こうやま》先生はたくさんのつらい目にあってきました。文字があまり出てこない自衛隊《じえいたい》という社会に入ったことは、神山先生の自信を回復《かいふく》させ、その心を生き生きとさせることにつながりました。ここにいれば、もう文字で困《こま》ることはないのですから。

大きな仕事、たとえば対空機関銃《たいくうきかんじゅう》や小型の戦車をあつかったり、操縦《そうじゅう》したりすることまで任《まか》されました。また、橋や建物をつくることや、調理のしかたなど、軍事に関する知識《ちしき》だけでなく、いろいろなことを学ぶことができました。そして神山先生は「勉強すれば、自分もかなりいける」と思えるようになっていったのです。こうしたなかで気持ちも大きく変わっていきました。ようやく将来《しょうらい》に向けた夢《ゆめ》を抱《いだ》けるようになったのです。単に親元から離《はな》れたというだけでなく、精神的《せいしんてき》にも自立しました。まさに人生にとっての転機が訪《おとず》れたのです。

神山先生は、こうふり返ります。

「いつまでも親や先生のせいにしていてはいけない。それまでの自分はいつも『わかってもらえる先生がいたら……』と思っていた。だけど、自衛隊《じえいたい》に入って自信をつけていくなかで『自分が以前そうだったように、勉強ができない子のための先生になりたい』という気持ちに変わっていった」

二年目のときに、上官《じょうかん》に頼《たの》んで、京都工芸繊維《きょうとこうげいせんい》大学の夜間の短期大学部に通う許可《きょか》をもらいました。夕方、駐屯地《ちゅうとんち》でのきびしい訓練《くんれん》を終えると、急いで短大へ向かい、夜半に帰ってきて勉強する生活。文字がうまく読めないために、なみたいていの努力《どりょく》では講《こう》義《ぎ》についていけません。当然のことながら睡眠《すいみん》時間を削《けず》る日々が続きました。短大には三年間通いました。講義《こうぎ》はテープレコーダで録音《ろくおん》し、黒板に書かれた文字は撮影《さつえい》しました。そのテープを電車の中などで聞き、写真に撮《と》った文章は「分かち書き」に区切りながら、懸命《けんめい》に復習《ふくしゅう》しました。自分と同じように昼間は仕事をしている学生が多く、ノートを貸《か》し借《か》りするなど、みなで助け合いました。

そうやって苦労《くろう》して、教員免許《めんきょ》を取りました。教員採用《さいよう》試験は、三度目の受験でようやく合格《ごうかく》しました。

先生になった。でもディスレクシアはかくしていた

一九八九年四月に、晴れて先生になりました。最初は町立中学の技術科《ぎじゅつか》の教員として採用《さいよう》されました。

先生になってからも、人知れず苦労《くろう》する日々は続きました。つまり、文字を読むことが難《むずか》しいという特性《とくせい》を、まわりに気づかれないように、一生懸命《いっしょうけんめい》かくしながら仕事をするということです。

先生になって数年後には、日本でも学習障害《しょうがい》という言葉が広まり始めました。このときはじめて「自分のことじゃないか」と気づきました。あくまでも人の「特性《とくせい》」であって、「努力不足《どりょくぶそく》」ではない。「できなくて当然だったのか」と思えるようになりました。それでも社会的には「障害《しょうがい》であって、劣《おと》っている」ととらえられることも多く、やはり告白することにはふみ切れませんでした。

職員会議《しょくいんかいぎ》で配《くば》られた資料《しりょう》は、ほかの先生が全員帰ったあとに読みました。書くことも得意ではないため、黒板に書くこともたいへんでした。黒板のレイアウトを書いたメモを忍《しの》ばせて授業《じゅぎょう》にのぞみ、メモを忠実《ちゅうじつ》に写してなんとか乗り切りました。先生になった最初のころは、入力した文字を合成音声で読み上げるパソコンのソフトも普及《ふきゅう》していなかったため、今よりも苦労《くろう》はずっと大きかったのです。

「理《り》解《かい》してもらえるかも」告白して楽になった

神山《こうやま》先生にとって人生の次の転機は、二〇〇三年に訪《おとず》れました。先生になってから十五年目のことです。当時は、養護《ようご》学校に勤《つと》めていました。知的障害《ちてきしょうがい》のある子の教育に関する三か月間の研修《けんしゅう》が、神奈川《かながわ》県にある国立の研究所で行われ、参加することになったのです。ところが、あまりの研修内容《けんしゅうないよう》の濃《こ》さや資料《しりょう》の多さにパンクしそうになりました。ギブアップしようかと思いましたが、まわりは心のあたたかい先生ばかりで「この先生たちになら、自分の特性《とくせい》をオープンにしても理解《りかい》してもらえるかな」と感じて、思いとどまったのです。トム・クルーズがみずからの特性《とくせい》を告白したことも、背中《せなか》を押《お》してくれました。そして神山先生ははじめて、自分がディスレクシアであることを、社会に向けて告白できたのです。

研究所や参加した先生たちは、神山先生の特性《とくせい》をすぐに理解《りかい》してくれました。神山先生はメモを取るのが苦手で、そのうえ、書いたメモはすぐに読めません。そのため、まず講義室《こうぎしつ》にパソコンを持ちこむことを許可《きょか》してもらいました。パソコンのキーボードに文字を打ちこむほうが楽にできるためです。また、文章を音声で読み上げるソフトを使うために、文章をパソコンに入力したデジタルデータをもらいました。そうやって無事に研修《けんしゅう》を終えることができました。

自分の特性《とくせい》をはじめて公《おおやけ》にすることで、神山先生は気持ちが楽になりました。告白することによって、ようやく「結婚《けっこん》してもいいかな」と思えるようにもなり、二〇〇四年に結婚《けっこん》しました。中学生のころに感じた「自分は恋愛《れんあい》するのもおこがましい人間だ。結婚《けっこん》だってできない」という考えを、二十年以上もかかって、やっと乗《の》り越《こ》えることができたのです。

ようやく許《ゆる》せた特性《とくせい》 体験を生かして活動開始

神山先生《こうやま》は「最近になって、自分の特性《とくせい》をようやく許《ゆる》せるようになってきたんです。これは、一生つきあっていく特性なんですね」と言います。

自分の力で家を設計《せっけい》し、建てることができるのも、パソコンのプログラムが得意なのも、ほかの人とはちがう特性《とくせい》のおかげです。つまり文字を通してではなく、意味のかたまりをイメージとして引っぱってきて論理《ろんり》を組み立ててものごとを理解《りかい》する、というやり方だからこそ、こうした能力があるのではないかと思えるようになりました。

そして現在《げんざい》は、「自分が死ぬときに、ディスレクシアとして生まれてきてよかったと思えるような社会をつくりたい」とがんばっています。ディスレクシアのことをみんなに知ってもらうため、一年に全国十数か所を飛び回って、自分の体験を講演《こうえん》しています。ある会場で講演《こうえん》を聞いた保護者《ほごしゃ》から「先生は困難《こんなん》に対してくじけなかった。でも、知的《ちてき》障害《しょうがい》や自閉傾向《じへいけいこう》なども合わせもっている自分の子どもは『やれ』と言ってもできない。どうかこの子たちの代弁者《だいべんしゃ》になって」と言われました。そんなこともあって、講演《こうえん》して回るのも、自分の使命だとの思いを強くしました。

また、仲間たちとともに、社会を変えるための運動にも取り組んでいます。文字で書かれた教科書が読みにくい子どものために、パソコンを使ってさまざまな方法で読んだり聞いたりできるようにすることや、母子手帳に、学習障害《しょうがい》など発達障害《しょうがい》に関する情《じょう》報《ほう》を、知識《ちしき》としてきちんと書きこむことを求めたりしています。

「がんばれ」だけではなんの助けにもならない

そんな神山《こうやま》先生ですが、いまだに「学校時代のことは、自分の人生から消《け》し去《さ》ってしまいたい」という気持ちもあるのです。それは、みなさんにもわかると思います。子どものころに受けた心の傷《きず》は、それだけ深いのです。

神山先生の話を聞くと、大人たちが、努力《どりょく》をしている子どものことを理解《りかい》しようともせずに、否定《ひてい》したり叱《しか》ったりすることが、どれだけ罪深《つみぶか》いことなのかがよくわかります。努力《どりょく》してもできない子に「もっと努力《どりょく》しなさい」と迫《せま》るのではなく、どうすればその子のもっている力を伸《の》ばすことができるのかを、まわりの大人や先生が、責任《せきにん》をもって考え、実行しなければなりません。神山先生はくじけずに、想像《そうぞう》を絶《ぜっ》するような努力《どりょく》によって、読むことの難《むずか》しさを乗《の》り越《こ》えました。しかし、これは、だれにでもできることではありません。

昔《むかし》の自分と同じように、さまざまな特性《とくせい》をもった子どもたちとかかわった神山先生がたどりついたのは、その子に合った教育の大切さです。つまり、学習障害《しょうがい》のある子どもにいくら「がんばれ、がんばれ」と言っても、なんの助けにもならないということです。

読むことが苦手な子に何度も読む練習をさせても、それはただの「暗記」。書くことが苦手な生徒に何度も書く練習をさせても、それはただの「塗《ぬ》り絵《え》」。計算することが苦手な子に何度も計算の練習をさせても、それはただの「苦痛《くつう》な時間」でしかありません。

たとえば、読むことが苦手な子のために、パソコンのソフトを使って文章を音声で読み上げさせたり、計算が苦手な子のために、実際《じっさい》のお金を使って計算させるような授《じゅ》業《ぎょう》をしたりというくふうが必要なのです。

学校には、さまざまなものの見え方、聞こえ方の子どもたちがいます。

神山先生のように、文章のどこで行が変わり、どこに文字があるのかがわからない「見え方」もあります。文字が左右反転して見えてしまう子もいれば、文字がかすんだり、揺《ゆ》らいだりして見える子もいます。

聞こえ方もさまざまです。音がこもって聞こえる子、聴覚検査《ちょうかくけんさ》ではよい結果が出ても、じつは針飛《はりと》びを起こしたレコードのようにしか聞こえない子もいます。ゆっくりと朗読《ろうどく》してあげれば聞こえるようになる子もいます。それらの子どもたちの多くは、「ほかのみんなもそんな聞こえ方・見え方をしている」と思い、「自分は努力《どりょく》がたりないからだめなんだ」と苦しんでいます。そんな状態《じょうたい》を理解《りかい》し、適切《てきせつ》な手助けを考えていくことが、ほんとうに必要なことなのです。

高級メロンになるよりもトマトのよさを

最後に、神山《こうやま》先生からみなさんへのメッセージを聞いてください。

努力《どりょく》ではなんともならないこと、だれにでもありませんか。でも、自分にしかできないことってありますよね。これでよいのではないでしょうか。もし人の理想が「完全な自立」であるなら、人はだれにも頼《たよ》らずに生きていけるのなら、人は人でなくなるのかもしれません。おたがいに尊敬《そんけい》し合うようなこともなくなりますよね。そんな社会よりも「持ちつ持たれつ」の社会。このほうが人間らしい生き方だと思います。

だれもが生命を授《さず》かったと同時に、一人ひとりに授《さず》かった素敵《すてき》なものがあります。その人にしかないよさは、絶対《ぜったい》にあります。それを大切にしていけばよいのではないでしょうか。

人の勝ち負けや優劣《ゆうれつ》をつける必要はありません。みんなが輝《かがや》いて助け合い、尊重《そんちょう》し合って、ともに生きていければよいのです。だれもがそれぞれの存在価値《そんざいかち》を実感して、生きがいをもつことができるように。

親や先生が子どもに「高く買ってもらえるメロンになってほしい」と願い、トマトにメロンの肥料《ひりょう》をあたえ、メロンの温室に入れたらどうなりますか。トマトにとっては、トマトの生き方ができることが幸せなのではないでしょうか。トマトにしかできない、ジュースやケチャップになることが幸せで、無理にメロンになることよりも、ずっと価値《かち》のあることではないでしょうか。

左耳が「キーン」、右耳が「モワンモワン」と鳴り出して、叱《しか》っている先生の声をシャットアウトしようとする。視界《しかい》も灰色《はいいろ》がかってきて、見えなくなる。体も金縛《かなしば》りにあったようになり、自分にそっくりの叱《しか》られている子どもが上から見える——。今でも、ほかの先生が子どもを叱《しか》っているのを見ると、叱《しか》られていた当時の自分を思い出します。「だめ」「やめなさい」「まちがっている」とばかり言うのをやめれば、子どもの気持ちは落ち着くし、力を伸《の》ばすことができるはずです。失敗しようと思ってやっている子はいません。だれもがうまくやろうと思っているのですから。

だれもが生きやすい、「生きていてよかった」と実感できる社会をつくりたい。そのためには、少数派を受け入れる「ストライクゾーン」の広い社会にしなければなりません。それは、学校も同じことです。

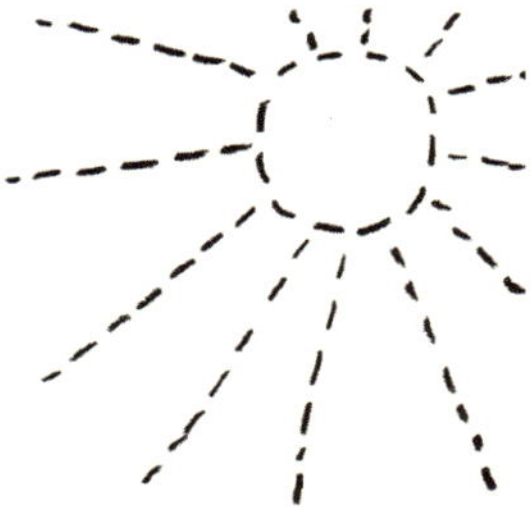

5

自分らしく生きるために

脳《のう》波《は》で伝える子と母の「対話」

「そんなやつおらんやろ」

兵庫《ひょうご》県に住む浦野晃一《うらのこういち》さんは、近所の小学六年生の子どもたちが披露《ひろう》してくれた紙芝居《かみしばい》の最中に、関西弁《かんさいべん》でするどい突《つ》っこみを入れました。すると、地域《ちいき》学習で訪《たず》ねてくれた子どもたちも緊張《きんちょう》がとけて、「感想はどうだった?」「晃一さんは、どんなときがしんどい?」と聞いてきました。質問にとぼけながら答える晃一さんは、サービス精神旺盛《せいしんおうせい》な〝芸人〟のようです。そんな晃一さんの姿《すがた》をうれしそうに見守っているのが、母親の明美《あけみ》さんです。

話せなくても 脳《のう》波《は》を利用して会話ができる!?

じつは、晃一《こういち》さんは自分の口で「そんなやつおらんやろ」と言ったわけではありません。生後まもなく発症《はっしょう》した神経《しんけい》の難病《なんびょう》のため、手も足も首も動かすことができません。まぶたも自分で閉《と》じることができません。自分の力で呼吸《こきゅう》することができないため、ずっと人工呼吸器《こきゅうき》を付けたままです。みずからの口で言葉を発したことはないのです。養《よう》護《ご》学校高等部のとき、気管《きかん》に唾液《だえき》などが入りこまないようにする手術《しゅじゅつ》をしたために、今はわずかな声もまったく出せません。まわりに自分の意思を伝えるための主な方法は、ほんの少し動かすことのできる目と唇《くちびる》です。

晃一さんはコミュニケーションの方法を増《ふ》やすため、養護《ようご》学校中等部のころから、ある器械を使っています。晃一さんが意識的《いしきてき》に発した脳波《のうは》を感じ取って作動するスイッチです。「バイオスイッチ　マクトス」といいます。人間の体には、バイオシグナルとよばれる生体信号《せいたいしんごう》があります。バイオシグナルには脳波《のうは》のほかに、眼球《がんきゅう》を動かすときの眼《がん》電《でん》信号、ほおなどの筋肉《きんにく》を動かすときの筋電《きんでん》信号などがあります。これらのバイオシグナルを利用したのが「バイオスイッチ　マクトス」です。人間は、息を止めて集中したり興奮《こうふん》したりすることによって、きわめて微小《びしょう》な電気信号である脳波《のうは》を出すことができます。脳波《のうは》を利用したこのスイッチを使えば、たとえ手を使えなくても、器械を起動させたりボタンを押《お》したりすることができるわけです。

このバイオスイッチに、片手《かたて》で持てる小さな箱のような意思伝達装置《そうち》をつなぎます。液晶《えきしょう》画面が付いていて、あらかじめ録音《ろくおん》したいろんな言葉をよび出して再生《さいせい》することができる器械で「ダイナモ」といいます。声が出せない人や、体が動かせない人のコミュニケーションを助けるために開発されました。さきほどの「そんなやつおらんやろ」は、晃一さんが脳波《のうは》で「マクトス」を作動させて、この「ダイナモ」が再生《さいせい》した言葉です。

晃一さんの「ダイナモ」には、日常《にちじょう》生活で使うさまざまな言葉が入っています。晃一さんも聞くほうもなじみやすいように、中等部のときに担任《たんにん》だった先生が、関西弁《かんさいべん》で吹《ふ》きこんでくれました。「返事」「あいさつ」「買い物」「気持ち」のほか、「ごめりんこ」「うーんちんちらぽっぽ」「そんなやつおらんやろ」「なんでやねん」といった吉本《よしもと》芸人などのギャグが入った「お笑《わら》い」「漫才《まんざい》」というジャンルもあります。器械の画面を見たり実際《じっさい》の音声を確認《かくにん》したりしながら、「マクトス」を使ってジャンルや言葉を選ぶことができるしくみです。

「なんでやねん」と突《つ》っこみたいときにはどうするのでしょうか。額《ひたい》に、脳波《のうは》を検知《けんち》

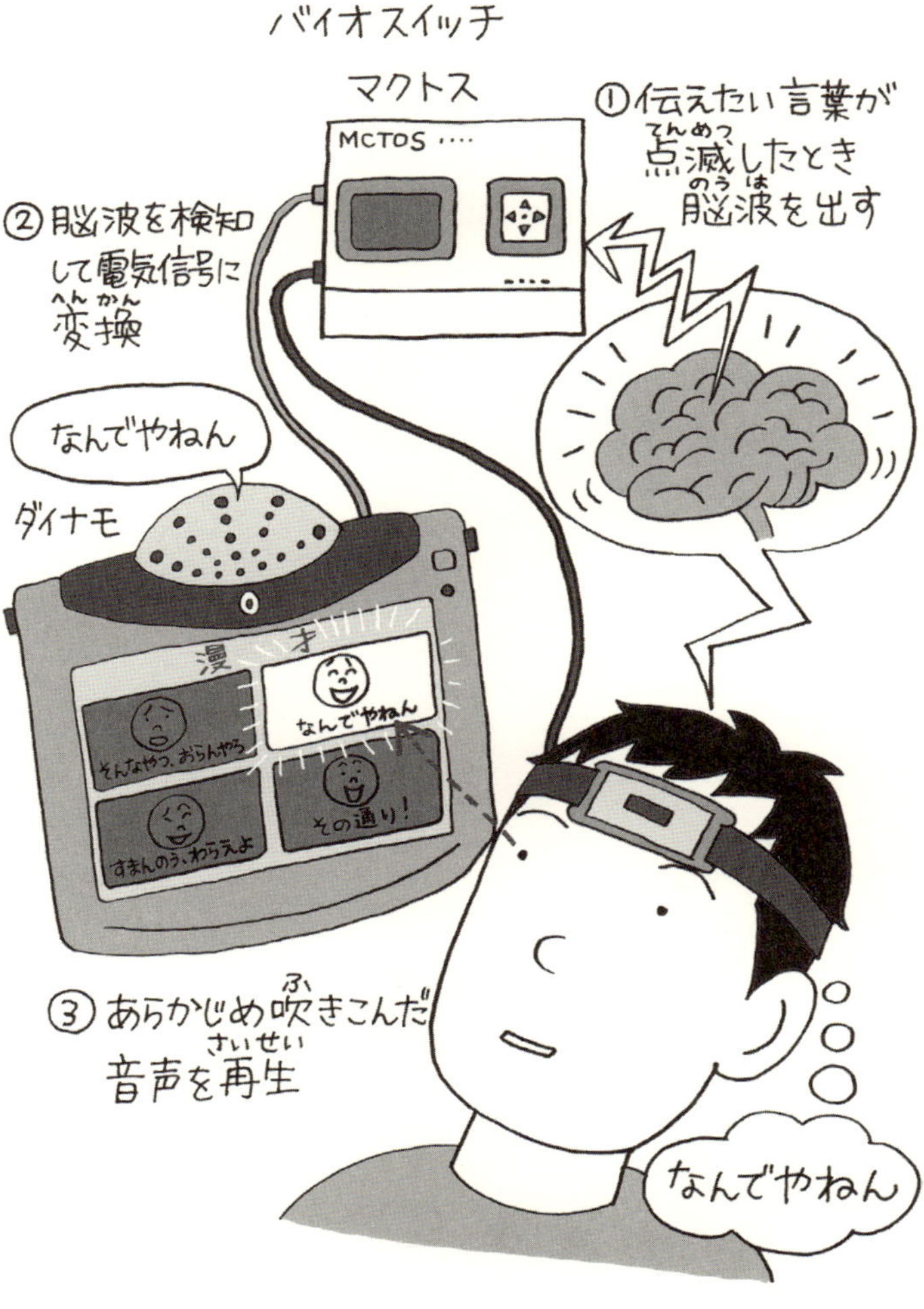
バイオスイッチ
マクトス
MCTOS ....
①伝えたい言葉が点滅《てんめつ》したとき脳波《のうは》を出す
②脳波を検知して電気信号に変換《へんかん》
なんでやねん
ダイナモ
漫才
なんでやねん
そんなやつ、おらんやろ
すまんのう、わらえよ
その通り！
③あらかじめ吹《ふ》きこんだ音声を再生《さいせい》
なんでやねん

して増幅《ぞうふく》する部品を、ベルトで付けておきます。「ダイナモ」を起動するとジャンルを選ぶ画面になり、「あいさつ」「漫才《まんざい》」といったジャンルが順番に点滅《てんめつ》していきますので、「漫才《まんざい》」のところで脳波《のうは》を発して「漫才《まんざい》」を選びます。すると「漫才《まんざい》」の画面になり、その中のいくつかの言葉が順に点滅《てんめつ》していきます。「なんでやねん」が点滅《てんめつ》したところでもう一度脳波《のうは》を発してスイッチを押《お》せば、再生《さいせい》されるのです。晃一さんはこのようにして、小学生たちに話しかけていたのです。

体を動かせない人が「マクトス」や「ダイナモ」をうまく使えば、相手の言うことに反応《はんのう》することが中心で「受け身」だったコミュニケーションを、主体的に行うことができるようになります。

なんでもできる!! 夢《ゆめ》を追い続ける晃《こう》一《いち》さんとお母さん

晃一《こういち》さんは養護《ようご》学校の高等部を卒業《そつぎょう》したあとも、体が不自由な人のための通園施設《しせつ》に元気に通っています。そこでは掛《か》け軸《じく》の水墨画《すいぼくが》や書道、プチトマトの収穫《しゅうかく》、抹茶《まっちゃ》立てなどにも挑戦《ちょうせん》しています。「マクトス」に、人間の手のように物を握《にぎ》ることのできるロボットアームや料理用のミキサーをつなぎ、脳波《のうは》を発することでスイッチを作動させて、いろいろなことができるのです。

また、最近は明美《あけみ》さんや養護《ようご》学校時代の担任《たんにん》の先生といっしょに、あちこちで開かれる講演会《こうえんかい》に招《まね》かれることも多くなりました。晃一さんは講演《こうえん》の最後には、こんな具合に、先生といっしょに見学した姫路城《ひめじじょう》の話を披露《ひろう》しています。

先生「姫路城《ひめじじょう》に行ったね」

晃一さん「ちょっと、ちょっと、ちょっと」

先生「なんですか？　姫路城《ひめじじょう》行ってどうやった？」

晃一さん「イエス、オーケー」

先生「欧米《おうべい》かよ！　狭《せま》い階段《かいだん》よう上れたなあ」

晃一さん「……」

先生「無視《むし》かよ！」

晃一さん「すまんのう笑《わら》えよ」

晃一さんの自宅《じたく》の居間《いま》には、木彫《きぼ》りのプレートがかかっています。「2002　のりくら」「2004　大台ヶ原《おおだいがはら》」「2005　やくしま」という文字が刻《きざ》まれています。乗鞍岳《のりくらだけ》は、養護《ようご》学校の高等部一年生だった二〇〇二年に、はじめて登った山です。世界遺産《いさん》に登録《とうろく》された屋久島《やくしま》も、映画《えいが》を観《み》たことで晃一さんが「行ってみたい」と希望《きぼう》し、明美さんや学校の先生、その友人といっしょに訪《おとず》れた思い出深い場所です。晃一さんのまわりには自然と人が集まってきます。プレートは、晃一さんが明美さんといっしょに人間関係の輪を広げながら、次々に夢《ゆめ》を実現《じつげん》させていった軌跡《きせき》を示《しめ》しています。

なぜ自分では声を発することのできない晃一さんのまわりに、たくさんの人たちが集まってくるのでしょう。ここで、晃一さんの生い立ちをふり返ってみると、だんだんそれがわかってくるのではないかと思います。

筋肉《きんにく》が動かせなくなる難病《なんびょう》に生後五か月で声を失う

「この子は、一生声を失ったまま生きていくのか。きのうまであんなにかわいい声で泣いていたのに……」

自宅《じたく》から近い病院の小児科病棟《しょうにかびょうとう》。緊急手術《きんきゅうしゅじゅつ》で人工呼吸器《こきゅうき》を付けられたわが子を見て、明美《あけみ》さんは大きなショックを受けました。ついにこの日が来てしまいました。

生まれたころは「ふつうの赤ちゃん」だった晃一《こういち》さん。ところが、しばらくすると手足の動きがにぶくなりました。自分で呼吸《こきゅう》することがだんだん難《むずか》しくなり、苦しげに肩《かた》でハアハアと息をするようになりました。生後四か月でミルクが飲めなくなり、鼻からチューブを通して栄養をとるようになりました。何度も呼吸《こきゅう》が止まりました。そして、生後五か月でついに人工呼吸器《こきゅうき》のチューブを口から入れることになったのです。酸素《さんそ》を送りこむため、チューブはのどの奥《おく》にある気管《きかん》まで入れられました。チューブが声帯《せいたい》を押《お》さえてしまうために、声は出せません。

晃一さんは、しだいに全身の筋肉《きんにく》が萎縮《いしゅく》し、体を動かすことや呼吸《こきゅう》ができなくなる「ウェルドニッヒ・ホフマン病」という難病《なんびょう》だったのです。

それでも一歳《さい》ぐらいまでは手の指は動かすことができたため、「バイバイ」とあいさつもできました。声は出せなくても、笑《わら》ったり泣いたりといった表情《ひょうじょう》もありました。しかし二歳《さい》のときに、のどに穴《あな》をあけてチューブを通すため、気管《きかん》を切開《せっかい》する手術《しゅじゅつ》をしました。口からのどの深いところまでチューブを入れる苦しさを取りのぞくためでした。また、このころ心臓《しんぞう》は何度も止まり、生死の境《さかい》をさまよいました。

しだいに指も動かせなくなり、目の動きもだんだん減《へ》っていきました。やがて顔の筋《きん》肉《にく》がほとんど動かなくなると、表情《ひょうじょう》も少なくなりました。まだ言葉の話せない赤ちゃんでも、泣いているとか笑《わら》っているとかで、赤ちゃんの気持ちは読み取ることができます。しかし、明美さんにとっては晃一さんが「なにが言いたいのかわからず、なにをすれば喜ぶのかがわからなくなっていった」のです。しかも、ふつうならこれから言葉をおぼえて、いよいよ豊《ゆた》かなコミュニケーションができるようになる、というそのときに。

コミュニケーションの方法として幼《おさな》い晃一さんにわずかに残されたのは、視線《しせん》やまばたき、唇《くちびる》の動き、そしてのどに付けた呼吸器《こきゅうき》のすき間から漏《も》れる「クー」という、声にならない声でした。

残った機能《きのう》を生かして、コミュニケーションをとる訓練《くんれん》が始まりました。まず視線《しせん》です。三歳《さい》のときに、絵や写真のカードを使って、自分のしたいことや色、どちらが数が多いかなどを目の動きで選ぶ練習を始めました。晃一さんはとくに車のカードが好きでした。外出しても、視線《しせん》は車の動きを追っていました。動きのあるものが好きな子どもでした。

また、明美さんは目の表情《ひょうじょう》で晃一さんが「うれしい」のか「いや」なのかを読み取っていました。「もっとしたいよ!」というときは目を「くるくる」させたり、「やめないで」と「しょぼしょぼ」させたりすることもありました。

そして、まばたきで、返事や合図をしました。いやなときは眉《まゆ》を寄《よ》せました。

唇《くちびる》の動きも大切なコミュニケーション手段《しゅだん》でした。六歳《さい》のころには、唇《くちびる》を力いっぱい動かして「はい！」という返事の代わりにしていました。

しかし、呼吸器《こきゅうき》を付けた晃一さんの「クー」という声ほど「なにかを伝えたい」という強い気持ちをはっきりと示《しめ》しているものはなかったでしょう。明美さんのよびかけにこうした声を出してこたえていました。晃一さんは話の内容《ないよう》を理解《りかい》していたのです。その声はだんだん「アー」「ウー」と大きくなっていきました。

ブランコもすべり台もしたことがなかった

生まれたときから七年近く病院の天井《てんじょう》を見ながら過《す》ごしてきた晃一《こういち》さんが、退院《たいいん》し自宅《じたく》にもどることができたのは、養護《ようご》学校の小学部に上がる直前になってからのことでした。持ち運びのできる人工呼吸器《こきゅうき》が普及《ふきゅう》したことで、「家で生活させたい」という家族の長い間の望《のぞ》みがようやくかないました。

明美《あけみ》さんは、言葉による応答《おうとう》ができない晃一さんに対し、赤ちゃんのときからずっと、話しかけることをやめませんでした。たくさんの絵本を読んで聞かせもしました。ところが入院生活では、かぎられた回数の外出しかできませんでした。このため、晃一さんは世の中のことについて、体験を通した知識《ちしき》があまりにも乏《とぼ》しかったのです。入学前に、ブランコとすべり台の絵カードを見せられ「どっちで遊びたい?」と聞かれて、晃一さんは答えることができませんでした。見たこともなければ、やったこともなかったからです。

明美さんはある夜の病棟《びょうとう》で、表情《ひょうじょう》を失った晃一さんの顔を見たときのつらさを忘《わす》れられません。まわりでは呼吸器《こきゅうき》や心拍《しんぱく》のモニターの音だけが響《ひび》いています。晃一さんのほおを一筋《ひとすじ》の涙《なみだ》がつたいました。明美さんは「晃一は、入院中になにかしようという意欲《いよく》がぜんぜんなくなってしまった。だけど、死んでいるように生きさせたくはない。命がけでもなんでもいいから、この子にいろんなことを体験させたい」と強く思いました。

小学部に入学「命がけ」の授業《じゅぎょう》

クッションにまたがって先生といっしょに飛びはねる「荒馬《あらうま》」、生まれてはじめて入るプール、アニメ作品のキャラクターであるトトロのクッションへのダイビング、鉄棒《てつぼう》に足をひっかけての逆上《さかあ》がり、急なすべり台……。

養護《ようご》学校小学部に入学すると、文字通り「命がけ」の授業《じゅぎょう》が始まりました。担任《たんにん》の先生は、これまでずっと病院で過《す》ごしてきた晃一《こういち》さんに、外でしかできないさまざまな経《けい》験《けん》をさせました。人工呼吸器《こきゅうき》をはずし、明美《あけみ》さんがアンビューバッグという小さな袋《ふくろ》をもんで、晃一さんの口に酸素《さんそ》を注《そそ》ぎながらの授業《じゅぎょう》になることもしょっちゅうでした。晃一さんは呼吸器《こきゅうき》を付けているため、医師《いし》ははげしい運動をさせることに反対しました。しかし、晃一さんは外での活動が大好きだったのです。雨の日は、うらめしそうな目の表情《ひょうじょう》で、教室の中から空を見上げていました。

さまざまな体験をさせたいと願っていた明美さんは、先生のこうした教育方針《ほうしん》に大賛《だいさん》成《せい》でした。自宅《じたく》でも晃一さんの手に自分の手を添《そ》えて包丁《ほうちょう》を持たせ、バナナジュースやコロッケづくり、洗濯物《せんたくもの》の取りこみもさせました。声を出すことが好きな晃一さんとカラオケにも出かけました。ほかの人が歌っているときにはよく声を出すくせに、自分の番になると緊張《きんちょう》のせいか、声が出ませんでしたが。

「ピーピーコール」でわかった短気な晃《こう》一《いち》くん

晃一《こういち》さんは小学部時代、周囲が思いもかけない方法で、自分の感情《かんじょう》を表現《ひょうげん》するようになりました。晃一さんは、人工呼吸器《こきゅうき》の調子や体の状態《じょうたい》が悪くなったりしたときにそなえて、いつも心拍数《しんぱくすう》を管理しています。心拍《しんぱく》の数値《すうち》が異常《いじょう》に高くなると「ピーピー」と警告音《けいこくおん》が鳴るモニターを体に付けているのですが、これを利用するのです。心拍数《しんぱくすう》は興奮《こうふん》すると上がりますね。「胸《むね》がドキドキ」する状態《じょうたい》です。晃一さんは、不満なときやかまってほしいときに、わざと心拍数《しんぱくすう》を上げて「ピーピー」と鳴らすのです。すごいテクニックです。まわりの人はこれを「晃一くんのピーピーコール」とよんでいました。

朝礼のときの出欠の返事で自分があとのほうだと、順番が待てずにいらいらして「ピーピー」。大好きな担任《たんにん》の先生が出張《しゅっちょう》でいないと「ピーピー」。明美《あけみ》さんは晃一さんの性格《せいかく》について「入院生活が長かったわりに、意外と短気」と気づかされました。

こんなこともありました。晃一さんは小学部低学年のころ、先生がまど・みちおの「空気」という詩を朗読《ろうどく》するたびに涙《なみだ》を流しました。同じ空気が、一人の人間の体の中を、あるいはほかの人の体の中を、そして世界中をかけめぐっているという内容《ないよう》の詩です。朗読《ろうどく》する先生もまわりで聞いている人も、はじめはなぜ晃一さんが泣いているのかわかりませんでした。ところが朗読《ろうどく》を聞くたびに涙《なみだ》を流すので、晃一さんが詩とその場の雰《ふん》囲気《いき》に感動していることをようやく理解《りかい》しました。このことを知った明美さんは、寝《ね》る前に晃一さんといっしょに詩を読むことにしました。

「短気で泣き虫な晃一くん」。だんだん先生や生徒、保護者《ほごしゃ》らの人気者になっていきました。

どうでしょうか。これは、晃一さんが言葉を発することができなくても、顔の表情《ひょうじょう》がうまくつくれなくても、なんとか自分のしたいことや気持ちを表そうとし、まわりの人もそれを読み取ろうとしてきたことの結果といえるのではないでしょうか。

夢《ゆめ》がかなった!! 金《きん》さんのお白洲《しらす》で裁《さば》きを受ける

「この金《きん》さんの桜吹雪《さくらふぶき》、散《ち》らせるものなら散《ち》らしてみやがれ」

一九九六年七月、小学部四年生の晃一《こういち》さんのために、栃木《とちぎ》県の日光江戸《にっこうえど》村で舞台《ぶたい》の幕《まく》が上がりました。晃一さんが心に抱《いだ》いていた最初の〝夢《ゆめ》〟が実現《じつげん》した瞬間《しゅんかん》です。

晃一さんはテレビの時代劇《じだいげき》が好きで、とくに「遠山《とおやま》の金《きん》さん」の「お裁《さば》き」の場面になると、視線《しせん》は画面にくぎ付けになっていました。そのことを明美《あけみ》さんから聞いた担任《たんにん》の先生は、さっそく給食のあとの歯みがきの時間、カツラをかぶって登場しました。晃一さんは、歯みがきの時間が近づくと、「待ち切れない」という目の表情《ひょうじょう》を見せるようになりました。

明美さんは、難病《なんびょう》の子どもの夢《ゆめ》をかなえるボランティア団体に「お白洲《しらす》（江戸《えど》時代の法廷《ほうてい》）で金《きん》さんの裁《さば》きを受ける」という晃一さんの夢《ゆめ》をかなえてくれるよう頼《たの》みました。でも、ほんとうに希望《きぼう》しているということを本人が意思表示《いしひょうじ》できなければ、夢《ゆめ》はかなわないきまりです。そこで、自宅《じたく》を訪《おとず》れたこの団体のスタッフに「金《きん》さんに裁《さば》きを受けたいのですか」と問われた晃一さんは、目を「ぐりぐり」と動かしてこたえました。もちろん「ＹＥＳ《イエス》」の合図です。

生まれてはじめて新幹線《しんかんせん》に乗って、日光江戸《にっこうえど》村に行きました。着物とちょんまげ姿《すがた》に着替《きが》えさせてもらい、にせ金づくりの濡《ぬ》れ衣《ぎぬ》を着せられた「晃助《こうすけ》」に扮《ふん》した晃一さんは、江戸《えど》村の役者が演《えん》じる金《きん》さんとの共演《きょうえん》を実現《じつげん》させたのです。金《きん》さんは悪党《あくとう》どもを裁《さば》いたあとに、「これからも大きな夢《ゆめ》をもって強く楽しく生きていくんだぜ」と励《はげ》ましました。

金さんの言葉通り、晃一さんは中学部に入ると、そのみずみずしい感性《かんせい》を花開かせていきます。明美さんたち家族や先生、まわりの人たちの働きかけによって心の中が豊《ゆた》かになるにしたがって、伝えたいこともたくさん出てきました。なんでもまわりの人にしてもらうという受け身の生き方ではなく、「主人公」としての人生をふみ出しました。

まずおもちゃを動かした「バイオスイッチ　マクトス」

「バイオスイッチ　マクトス」は、指や手、足を動かすことのできない人が電子機器を操作《そうさ》するためのスイッチとして、兵庫県姫路市《ひょうごけんひめじし》にある「テクノスジャパン」という会社が開発しました。本体は重さ四百五十グラム、十数センチ四方の小箱です。額《ひたい》に付けたベルトで感知した脳波《のうは》を増幅《ぞうふく》して強い電気信号に変換《へんかん》し、電子機器などのスイッチやボタンを、指の代わりに押《お》してくれるというものです。

テクノスジャパンの大西秀憲《おおにしひでのり》社長は、息を吹《ふ》きかけたり、触《ふ》れたりするだけで音声を発することができるコミュニケーションソフトをつくりました。ところが完成してみると、それすら使うことのできない、つまりスイッチ一つ押《お》すことができない患者《かんじゃ》がたくさんいることを知り、ショックを受けました。このことが「マクトス」開発のきっかけでした。乾電池《かんでんち》の三百万分の一というきわめて微小《びしょう》な脳波《のうは》の電気信号を、どうやって脳《のう》から離《はな》れている額《ひたい》で感知し、強い電気信号として増幅《ぞうふく》させるかが難《むずか》しかったといいます。

「マクトス」のほかに、わずかな筋肉《きんにく》の動きを感知するスイッチもあり、これもふくめて日本と海外でおよそ四百台を販売《はんばい》したそうです。

大西社長は「神経性《しんけいせい》の難病患者《なんびょうかんじゃ》はただ横たわっているだけのように見えます。しかし、頭の中ははっきりしている。どうやって自分の存在《そんざい》を証明《しょうめい》するのかといえば、それはコミュニケーションだと思うんですよ。人間の尊厳《そんげん》を守るために必要なものがコミュニケーション。たくさんの患者《かんじゃ》さんに出会ううちに、そんなことを学んだんです」と語ります。

晃一さんが「マクトス」に出会ったのは、中学部一年生のときでした。

はじめはしくみを説明しても、晃一さんは理解《りかい》してくれませんでした。無理もありません。みなさんだって脳波《のうは》がどんなものか、よくわからないでしょう。おまけに晃一さんは、自分でスイッチを押《お》したこともないのです。いきなり「脳波《のうは》を出してスイッチを押《お》して」と言われても混乱《こんらん》するばかりです。

そこで、脳波《のうは》スイッチを、晃一さんがいつも親しんでいる電動のおもちゃとつないでみることにしました。これまで、どのおもちゃも、まわりの大人がスイッチを押《お》してくれるのを見ているだけでした。それを自分の意思で動かすという挑戦《ちょうせん》が始まりました。養護《ようご》学校の先生が、スイッチを入れると雄叫《おたけ》びを上げるウルトラマン、電動の水鉄砲《みずでっぽう》、パチンコ台などのおもちゃを、「マクトス」で動かせるように改造《かいぞう》してくれました。

はじめのうちはとまどっていた晃一さんですが、少しずつタイミングよく脳波《のうは》を出せるようになっていきました。自分の思い通りにおもちゃが動かせればうれしいものです。ひとたびコツをつかむと、先生と水鉄砲《みずでっぽう》で撃《う》ち合《あ》いをするまでに上達しました。

自分の意思を伝えるためにさらに挑戦《ちょうせん》

その後も挑戦《ちょうせん》が続きました。ボタンを押《お》すと、あらかじめ録音《ろくおん》しておいた声や音を再《さい》生《せい》できる器械があります。晃一《こういち》さんが発した「アー」という声をそれに録音《ろくおん》しておいて、「マクトス」で再生《さいせい》できるようにしました。学校で、出欠や、「○○をしたい人?」といった問いかけへの返事をするために使ってみました。自宅《じたく》でも使いました。晃一さんは、これまで聞いているだけだった家族の会話に、積極的《せっきょくてき》に加わるようになりました。

「マクトス」でブザーを鳴らすことにも挑戦《ちょうせん》しました。接戦《せっせん》で観客《かんきゃく》が盛《も》り上《あ》がっていたバレーボールの試合をテレビで見ていて、さかんにブザーを鳴らして反応《はんのう》すると、家族は、晃一さんの意外な一面を発見したような気がしました。

晃一さんの反応《はんのう》が偶然《ぐうぜん》でないことを証明《しょうめい》しようと、学校の先生は、晃一さんがどのくらいの正確《せいかく》さで脳波《のうは》を出しているかを調べたことがあります。母親の明美《あけみ》さんの顔の画《が》像《ぞう》と、「○」などとだけ書かれた画像《がぞう》を交互《こうご》に見せて、明美さんの画像《がぞう》が映《うつ》ったタイミングで脳波《のうは》を出せれば「正解《せいかい》」としました。テストを何度もくり返した結果、正解率《せいかいりつ》は半分以上でした。つまり、まちがいもあるけれど、半分以上は自分の意思を正確《せいかく》に示《しめ》せているということです。

中学部三年生のとき、「マクトス」を使ってパソコン画面上でなんの活動をしたいかを選ぶことを始めました。画面上に映《うつ》っている「土手すべり」「坂すべり」「シーソー」「パソコン」「トランポリン」などの画像《がぞう》から、自分がしたいと思う活動を選びます。一度それを選んだら、かならずしなければならないというきまりにしました。

それまで晃一さんにとって、自分でなにかを決めたり、自分の意思にしたがって行動したりすることは未知の世界でした。自分の気持ちをまわりに伝える方法も、もっていませんでした。このように「マクトス」を使うことで、主体性《しゅたいせい》や積極性《せっきょくせい》がぐんぐん育っていったのです。

はじめてのおつかいは大成功

中学部時代のある日、明美《あけみ》さんは、車いすに乗った晃一《こういち》さんを学校の廊下《ろうか》に一人ぼっちで残しました。先生に書類を渡《わた》す「おつかい」をしてもらうためです。パソコンの使い方を教えてもらうなど、いつもお世話になっていた先生です。明美さんは、晃一さんに気づかれないように、少し離《はな》れた場所から息をひそめてようすを見ています。

一人ぼっちで残された経験《けいけん》がないために、しばらく状況《じょうきょう》が飲みこめずにいた晃一さん。さきほど、おつかいを頼《たの》まれたことや「ダイナモ」にそのときに話す内容《ないよう》が録音《ろくおん》されていることを聞いたのを思い出したようでした。脳波《のうは》を発して、人のいない廊下《ろうか》で「(先生のいる)高等部へ連れていってください」と何度も〝声〟を出しました。

「あれ、晃《こう》ちゃんどうしたん?」。その〝声〟に気づいた事務員《じむいん》さんが出てきて親切に連れていってくれました。高等部に来るとまた「ダイナモ」で「先生に用事です」と伝え、その先生に会うことができました。先生には「母からのことづてです」と用件《ようけん》を〝言い〟、持ってきた書類を渡《わた》します。「こんな使い方があるのか」と先生がびっくりしたのはいうまでもありません。そして事務員《じむいん》さんにもう一度「中学部へ帰してください」とお願いし、無事中学部までもどってきたのです。

明美さんは、日常《にちじょう》のコミュニケーションで「マクトス」を使えないものかと考えていました。晃一さんが中学部三年生の十月、「マクトス」につないでさまざまな言葉を再生《さい》できる「ダイナモ」を手に入れました。それがこのとき役に立ったのです。この章のはじめに出てきたのも同じ器械です。

はじめての「おつかい」は大成功でした。「ダイナモ」を入手してまだ一週間のことでした。晃一さんにとって「はじめてほかの人の役に立ったんだ」という実感が、どれだけの自信につながったことでしょう。

それから「ダイナモ」を使うにあたって、最初につくったジャンルは「返事」です。「そのとおり」「いやじゃ」という言葉を登録《とうろく》しました。このほか「気持ち」(「おもろー」「そやなあ」）、「かけ声」（「よっしゃあ」「それいけ」「その調子」）と、どんどん増《ふ》やしていきました。

そのころ、晃一さんはまだひらがなを勉強し始めたばかりでした。「ダイナモ」がすぐれているのは、たとえ文字がきちんと読めなくても、画面上のシンボルの絵を見たり音声を聞いたりしながら、話したい言葉を確認《かくにん》できることです。たとえば「いやじゃ」の画面は、いかにもいやそうな人の顔のシンボルマークになっています。この画面が出たら「えいっ」と脳波《のうは》を出せばよいのです。

「マクトス」でラブレターも書ける⁉

晃一《こういち》さんは実際《じっさい》に「ダイナモ」を学校生活でどのように使っていたのでしょうか。散歩に出かければ「おもろー」を連発し、帰りぎわには「帰りたくない」と言わんばかりに「いやじゃ」を連発しました。全校のレクリエーション大会では、司会の先生が「始めます」と言ったとたんに「よっしゃあ」と叫《さけ》び、友だちがあいさつをすると「それいけ」と応援《おうえん》しました。音楽の時間に「明日があるさ」の歌を聞き「そんなやつおらんやろ」と突《つ》っこみました。

給食のときも使いました。晃一さんにとっての食事は、栄養の入った液体《えきたい》を鼻から管を通して胃《い》に入れるというものです。このため「青リンゴ」「アセロラ」「オレンジ」などの味が付いた粉を液体《えきたい》に混《ま》ぜ、同時に舌《した》で少しだけ味わうことにしていました。そこで、「ダイナモ」を使って自分の好きな味選びをしました。

高等部に入ると、「マクトス」や「ダイナモ」の使い方をさらに発展《はってん》させました。

高等部ではひらがなを本格的《ほんかくてき》に勉強し始めました。「マクトス」とパソコンをつなぎ、パソコン画面上の五十音表から、ひらがな一文字ずつを選びながら文章をつくる練習も始めました。

パソコンソフトは、ア行、カ行、サ行と順番に点滅《てんめつ》します。たとえば「き」と打ちたいときは、カ行が点滅《てんめつ》したところで脳波《のうは》を出します。するとカ行を「か」「き」……と順番に読み上げてくれるので、二番目の「き」のところでふたたび脳波《のうは》を出して選ぶという具合です。携帯《けいたい》メールのひらがなの打ち方と、手順は同じですね。これを親指でなく、脳波《のうは》でやるのです。

パソコンでふつうに打ちこむことと比《くら》べると途方《とほう》もない時間がかかり、根気《こんき》のいる作業です。このため、どうしても誤《あやま》って脳波《のうは》を出してしまうことによる打ちまちがいが多くなってしまいます。晃一さんのつくった文章は、句読点《くとうてん》もなく、ひたすらひらがなが並《なら》んでいるために、判読《はんどく》しづらいことがほとんどでした。

しかし、こんなこともありました。あるとき、晃一さんは「ねたい」と書きました。明美《あけみ》さんははじめ、なにを言おうとしているのかがわからなかったのですが、晃一さんの熱を測《はか》ってみると、三十八度もあってびっくりしました。

高等部に入ると、年ごろの男の子らしく女性《じょせい》への関心が高くなった晃一さん。若《わか》い女《じょ》性《せい》が来ると、目をぱちぱちさせるようになりました。そこで、好きな女性《じょせい》にラブレターを書くことを目標にして、ひらがなの学習に取り組むことにしました。

はじめてのデートのお相手は、学校の若《わか》くてきれいな先生でした。駅員に「デートやねんけど、切符《きっぷ》二枚ちょうだい」と「ダイナモ」に入れておき、男らしく切符《きっぷ》をおごりました。女子大生ともデートしました。電車で姫路《ひめじ》や神戸《こうべ》、大阪《おおさか》まで行き、おそろいのお土産《みやげ》を買ったりしました。

校内での「合コン」も楽しみでした。男女それぞれ四人か五人ずつです。人数がそろわないときには、用務員《ようむいん》のおばちゃんや校長先生が駆《か》り出《だ》される、風変《ふうが》わりな合コンではありましたが……。晃一さんはかならず司会を務《つと》め「いまから合コンを始めます」と元気にあいさつしていました。

高等部三年生のときには、生徒会長を務《つと》めました。体育祭や卒業式《そつぎょうしき》では、「ダイナモ」に録音《ろくおん》したあいさつを発表しました。朝礼で、校長先生の話し中に「よっしゃ」「それいけ」などと合いの手を入れ、周囲をひやひやさせたこともあります。校長先生は「話が長いからやめろということですね」と、話を打ち切らざるをえませんでした。

「無《む》謀《ぼう》な夢《ゆめ》見《み》隊《たい》」結成！あちこち冒《ぼう》険《けん》へ出かける

高等部に進学した晃一《こういち》さんは、新たな夢《ゆめ》を次々と実現《じつげん》させていきます。

晃一さんは生きていくために二十四時間の介護《かいご》、つまり、たまった痰《たん》をこまめに吸引《きゅういん》することや、人工呼吸器《こきゅうき》の管理、体の向きを変えるなど、多くの処置《しょち》が必要です。遠出するのは、けっしてかんたんなことではありません。しかし、晃一さんにもっといろいろな体験をしてもらおうと、養護《ようご》学校の先生や看護師《かんごし》、登山家、リハビリの先生などが「無謀《むぼう》な夢見隊《ゆめみたい》」と名づけたグループをつくって、そんな晃一さんといっしょに定期的にさまざまな場所を訪《おとず》れることにしました。目指《めざ》すのはいつも「無謀《むぼう》」とも思えるような場所ばかりです。

北アルプスにある乗鞍岳《のりくらだけ》の三千メートル級の頂上《ちょうじょう》に登ったのは、二〇〇二年九月のことです。晃一さんが高等部一年、十六歳《さい》のときでした。風が強く気温も低いなかで、空気の薄《うす》い標高《ひょうこう》二千七百メートルにあるドライブインを、四人の先生が担架《たんか》で晃一さんをかついで出発しました。もう一人の先生は、人工呼吸器《こきゅうき》とつないだバッテリーを持って歩きました。カメラや写真を撮影《さつえい》する係の人もいます。登頂《とうちょう》に成功し歓声《かんせい》が上がるなかで、晃一さんは満足そうでした。

山田洋次監督《やまだようじかんとく》の「十五才　学校Ⅳ」という映画《えいが》があります。主人公の十五歳《さい》の少年が家出して屋久島《やくしま》まで行くというストーリーです。十五歳《さい》のときにこの作品を観《み》た晃一さんも、屋久島《やくしま》に行ってみたいと思っていました。

予行演習《よこうえんしゅう》として、二〇〇四年に、屋久島《やくしま》と自然条件《じょうけん》が似《に》ている奈良《なら》県の大台ヶ原《おおだいがはら》を訪れました。屋久島《やくしま》行きはその翌年《よくねん》に実現《じつげん》しました。晃一さんが航空機《こうくうき》で移動《いどう》するのはたいへんなことです。屋久島《やくしま》に行くときは、晃一さんのために座席《ざせき》を七席使いました。このときは十八人が同行しました。

二〇〇六年には、さきほど紹介《しょうかい》したように、姫路城《ひめじじょう》に上りました。晃一さんの家からは近場ですし、かんたんそうに思えますが、天守閣《てんしゅかく》に上るための階段《かいだん》は狭《せま》くて急なため

「落ちたら死ぬ」と反対する人もいました。先生たちは晃一さんを担架《たんか》でかついで、なんとか上り切りました。ところが明美《あけみ》さんは、「晃一は目が上に上がったままだったから、いやだったようです。中は、暗くてなにも楽しいことがない。城《しろ》は外から見るところですね……」と苦笑いします。

中学部の修学旅行《しゅうがくりょこう》で行った東京《とうきょう》ディズニーランドに、もう一度行ってみたい。ハワイにも行きたい。今まで、山登りなど苦しいことが多かったから……。母子の夢《ゆめ》は広がるばかりです。

自分に問いかけ続けたお母さん

明美《あけみ》さんにとっての今の最大の課題は、晃一《こういち》さんがいきいきとすごせるような「居場《いば》所《しょ》」をつくることです。学校を卒業《そつぎょう》すると、人工呼吸器《こきゅうき》を付けている人を受け入れる施設《しせつ》はかぎられてしまいます。晃一さんが養護《ようご》学校を卒業《そつぎょう》したときに、明美さんは日帰りで生活支援《しえん》を受けられるデイサービスを利用しようと思いました。ところが、どこからも断《ことわ》られてしまいました。

明美さんはこの二十一年間、あるときは絶望《ぜつぼう》の淵《ふち》に立たされ、あるときは晃一さんと喜びを分かち合いながら生きてきました。幼《おさな》い息子《むすこ》の顔を見ながら「ただ苦痛《くつう》に耐《た》えるだけの人生ではないか」と思ったこともありました。それでも懸命《けんめい》に生きようとする晃一さんの姿《すがた》を見て、自分たち家族も「前を向いて生きていこう」と決めました。そうやって生きていくうちに、晃一さんを通してかけがえのない仲間との出会いやさまざまな経《けい》験《けん》がありました。明美さんにとって、すべて大切な財産《ざいさん》です。

「マクトス」を使うまでは、晃一さんのことを「目は見えているの」「聞こえているの」と言う人がいました。しかし自分からメッセージを発信するようになってからは、まわりの人が反応《はんのう》してくれたり笑《わら》ってくれたりするようになりました。さらにそのことが晃一さんの心を豊《ゆた》かにしました。そして、多くの人が晃一さんのまわりに集まってくるようになりました。

明美さんは、いつも自分に対してある問いかけを続けてきました。

「晃一は自分でしたいと思っていることができなくて、ほんとうは悩《なや》んでいるのではないか」

「晃一が介助《かいじょ》を受けながらしていることは、ほんとうに『主体的にしている』と言えるのか」

考えた末の結論《けつろん》はこうです。

たとえば料理をいっしょにつくったとする。意識《いしき》があって、目的があってそれをちゃんとなしとげたら、晃一も達成感を感じている。だから『自分でした』ことになるのではないか。わたしたちだって日常的《にちじょう》に、器械や他人の力を借りていろいろなことをしている。なにをするにしても、全部自分でできることなんてないではないか。

伝えたいものが心の中にあればこその器械

明美《あけみ》さんにとって、「マクトス」や「ダイナモ」ってなんなのでしょうか。

明美さんは「器械はあくまでも器械。単なるコミュニケーションの方法であって、器械を使うことが目的ではない。自分が『人生の主人公』になること、主体性《しゅたいせい》をもって生きていくことこそが大事ですよね」と言います。「マクトス」を完全に使いこなせるかどうかではなく、伝えたいものを心の中にもっているかどうかこそが問題です。そのために、ほかの人の心と響《ひび》き合《あ》うような豊《ゆた》かな心を育てていくことが大切なのです。

わたしたちの生活の中ではときどき、なんの言葉も交《か》わされないのに、おたがいの心の中にあるものを伝え合うということが起こります。奇跡《きせき》のようなコミュニケーションの瞬間《しゅんかん》です。

晃一《こういち》さんが小学部時代に、まど・みちおの「空気」という詩の朗読《ろうどく》を聞くと涙《なみだ》を流した話を紹介《しょうかい》しました。その詩はこんな始まりです。

「ぼくの　胸《むね》の中に　いま　入ってきたのは　いままで　ママの胸《むね》の中にいた空気

そしてぼくが　いま吐《は》いた空気は　もう　パパの胸《むね》の中に　入っていく」

（『まど・みちお全詩集』理論社）

ほかの人が、なにげないあたりまえのものと思っている空気は、晃一さんにとってどのようなものでしょうか。朗読《ろうどく》する先生やそれを聞くまわりの人たちはみな、晃一さんの生い立ち、置かれた立場をよく理解《りかい》しているために心を動かされます。他人への思いがあったからこそ、晃一さんは涙《なみだ》を流していたのです。心のコミュニケーションがなければ、コミュニケーションは成立しないということを教えてくれています。

おわりに

まず心の垣根《かきね》を取《と》りはらって

わたしは生後八か月の娘《むすめ》の父親です。ちょっと前までおなかを床《ゆか》につけてずりずりと這《は》うだけだったのが、いつの間にか上半身を起こしてつかまり立ちしようとしています。赤ちゃんを見ていると、新たな発見の連続で、日々変化する姿《すがた》には驚《おどろ》かされるばかりです。

娘《むすめ》は「おっぱいがほしい」「おしめを替《か》えて」と言葉で伝えることができませんが、それでも生まれたばかりのころと比《くら》べると、気持ちを表現《ひょうげん》する手段《しゅだん》はずいぶん豊《ゆた》かになってきました。自分の名前をよびかけられると反応《はんのう》したり、口まねをしたりするようにもなりました。それに妻《つま》は、娘《むすめ》は周囲に対して絶《た》え間《ま》なくサインを発しているといいます。たとえば「両手を広げてばたばたする」(抱《だ》っこして)「ムームーという声を発する」(おっぱいがほしい)「マンマー!」(助けて!)「のけぞる」(おなかがいっぱい)「ウーン、ウーン、ギャー」(退《たい》屈《くつ》なの)といったものです。いつもそばで観察している妻《つま》も、まだ見逃《みのが》している「赤ちゃん語」があるかもしれません。

四六時中いっしょにいることのできないわたしは、こうしたサインをうまく読み取れないことがあります。泣きやまない理由がわからないまま途方《とほう》に暮《く》れながら懸命《けんめい》になって抱《だ》っこしたり、あやしたりするうちに、笑《わら》ってくれた顔を見て、ほっとすることは多いのです。

娘《むすめ》はわたしにコミュニケーションの第一歩というものを、あらためて教えてくれました。だれもが赤ちゃんの時代を経《へ》て、コミュニケーションの手段《しゅだん》を身につけていくのです。

体を動かすことができなくても言葉を話せなくても、目の表情《ひょうじょう》や脳波《のうは》で押《お》すスイッチを通じて「ぼくはここにいる。この世の中で、めいっぱい生きているんだ」とメッセージを送り続けている浦野晃一《うらのこういち》さんのことを思い返してみてください。浦野《うらの》さん母子のエピソードは、人間が生きるうえで、みずからの存在《そんざい》を周囲に認《みと》めてもらい、社会とかかわりをもつことがいかに大切かということを教えてくれます。

つまり、ただ単に情報《じょうほう》をやりとりしたり、要求を伝えたりすることだけがコミュニケーションではないということです。わたしたちは、おたがいの存在《そんざい》や特性《とくせい》を認《みと》め、尊重《そんちょう》し合うこと、言いかえれば心の「つながり」がなければ生きてはいけません。伝え合うために言葉や文字、身ぶりといった手段《しゅだん》は必須《ひっす》ですが、ほんとうに大切なのは手段《しゅだん》ではなく、伝える中身なのではないでしょうか。

そして、豊《ゆた》かなコミュニケーションを実現《じつげん》するための前提《ぜんてい》として、だれもが本を読んだり映画《えいが》を楽しんだりすることができて、生きるうえで必要な情報《じょうほう》がすべての人に伝わる社会をつくらなければなりません。

しかし今の日本は、こうした社会からはまだまだほど遠いのです。わかりやすい新聞『ステージ』、目の不自由な人たちといっしょに映画《えいが》を楽しめる社会を目指す「シティライツ」の活動や、拡大《かくだい》読書器の使い方を広めている森田さん、さまざまな特性《とくせい》の子どもとともに日々奮闘《ふんとう》する神山《こうやま》先生の取り組みから、わたしたちは、その実現《じつげん》のために必要なことを学ばなければなりません。

そして、五つの物語は、けっして遠く離《はな》れた世界のできごとではないということを忘《わす》れないでほしいと思います。この社会には、赤ちゃんからお年寄《としよ》りまで、さまざまな人が助け合いながら暮《く》らしています。同じように、体が不自由な人、知的障害《ちてきしょうがい》のある人、学習に困難《こんなん》をかかえる子どもなど、さまざまな特性《とくせい》をもった人が生きています。

たしかに目の不自由な人たちのために文字を音声で読み上げてくれるパソコンソフトのような、情報技術《じょうほうぎじゅつ》（IT《アイティー》）を生かすことも必要です。しかし、心の垣根《かきね》を取《と》りはらって「伝えること、伝え合うこと」をあきらめないことが、なによりも大切なことなのです。そのうえで、だれもが個性《こせい》を輝《かがや》かせることができる社会をつくっていきましょう。

この本に登場するみなさんの言葉の一つひとつは、まるで宝石《ほうせき》のように光っています。すばらしい出会いに恵《めぐ》まれ、一冊《さつ》の本としてまとめ上げることができました。貴重《きちょう》な時間を割《さ》いて取材に応《おう》じていただいたみなさんに、まずお礼を申し上げます。

「はじめに」でもふれましたが、取材を通して感じた思いを、うまく文章で表《ひょう》現《げん》するのは骨《ほね》が折れる作業です。つたない文章を少しでもわかりやすくするために、アドバイスを重ねてくださった編集者《へんしゅうしゃ》の土師睦子《はじむつこ》さんに心から感謝《かんしゃ》します。

二〇〇八年　二月

藤田康文《ふじたやすふみ》

参考文献

第一章　わかるように伝えて

●『わかりやすさの本質』（野沢和弘、NHK出版　生活人新書169）

第二章　いっしょに笑いたい

●『文化庁　平成17年度芸術団体人材育成支援事業
視覚障害者の映画鑑賞要望に関する調査研究　平成17年度報告書』
（バリアフリー映画鑑賞推進団体　City Lights シティ・ライツ）

第三章　自分の力をあきらめないで

●『拡大読書器であなたも読める！書ける！』（森田茂樹、大活字）

第四章「がんばれ」だけでは助けにならない

●『怠けてなんかない！　ディスレクシア
～読む・書く・記憶するのが困難なＬＤの子どもたち。』
（品川裕香、岩崎書店）

●『ＬＤ（学習障害）のすべてがわかる本』（上野一彦監修、講談社）

第五章　自分らしく生きるために

●『晃一くんの桜吹雪　―人工呼吸器をつけた少年と母の夢』
（荒木智子・浦野明美、クリエイツかもがわ）

●『重症児の心に迫る授業づくり　―生活の主体者として育てる』
（三木裕和・原田文孝・白石正久・河南勝、かもがわ出版）

●『自己表現を目指した支援技術
―脳波スイッチの有効性にもとづくコミュニケーション効果についての事例研究―』
（是川雅秀、論文）

藤田康文（ふじた・やすふみ）
1970年広島市生まれ。共同通信社記者。1993年に入社し、福井、千葉、成田の各支局を経て編集局内政部に所属。公共事業や教育、文化行政などを主に担当する一方で、視覚障害者などが必要な情報を得られるよう求める記事も執筆。福井県にある高速増殖炉「もんじゅ」のナトリウム漏れ事故や、東京湾・三番瀬の埋め立て開発、予定地の中に反対派農家が住む成田空港の建設問題を現場で取材したことが印象深い。

カバー・はじめに・章扉イラスト●丸山誠司
本文イラスト●おちあやこ
デザイン●諸橋藍（釣巻デザイン室）
写真提供●シティ・ライツ、藤田康文

ドキュメント・ユニバーサルデザイン
もっと伝えたい
コミュニケーションの種をまく
2008年3月20日　第1刷発行

著者　藤田康文
企画・編集　有限会社 読書工房
発行者　佐藤　淳
発行所　大日本図書株式会社
〒112-0012
東京都文京区大塚3-11-6
電話 03-5940-8678（編集），8679（販売）
振替 00190-2-219
受注センター 048-421-7812
印刷　錦明印刷株式会社
製本　株式会社若林製本工場

ISBN978-4-477-01928-4　NDC369

「ユニバーサルデザイン」という
ことばを知っていますか？

もともと…

アメリカのロン・メイスという研究者が提唱したことばで
製品や建物などをデザインするときに
あらかじめいろいろな立場の人を想定し
できるだけ多くの人が使いやすいようにくふうしようという
考え方をあらわしています。

たとえば？

駅は毎日いろいろな人が乗り降りする公共の場です。
目の見えない人、見えにくい人、
耳が聞こえない人、聞こえにくい人、
車いすを使っている人、ベビーカーを押しているお母さん、
杖をついたお年寄り、妊娠している人、
日本語があまりわからない外国人…。
だれもが利用しやすい駅をつくろうと考えたとき
あなたならどんなくふうをするでしょうか。

そして！

ユニバーサルデザインという考え方は
製品や建物だけを対象にしているのではありません。
情報やサービスなど目に見えないものについても
ユニバーサルデザインを考えることができます。

ドキュメント
UD

「ドキュメント・ユニバーサルデザイン」では
いろいろな立場から、ユニバーサルデザインを目指して
さまざまなくふうをしている人たちの物語をご紹介します。